FIRE!
불붙는 조직 만들기

FIRE! 불붙는 조직 만들기

2015년 3월 27일 초판 1쇄 발행
지은이 · 이형준

펴낸이 · 이성만
책임편집 · 최세현 | 디자인 · 김애숙

마케팅 · 권금숙, 김석원, 김명래, 최민화
경영지원 · 김상현, 이윤하, 김현우
펴낸곳 · (주)쌤앤파커스 | 출판신고 · 2006년 9월 25일 제406-2012-000063호
주소 · 경기도 파주시 회동길 174 파주출판도시
전화 · 031-960-4800 | 팩스 · 031-960-4806 | 이메일 · info@smpk.kr

쌤앤파커스(Sam&Parkers)는 독자 여러분의 책에 관한 아이디어와 원고 투고를 설레는 마음으로 기다리고 있습니다. 책으로 엮기를 원하는 아이디어가 있으신 분은 이메일 book@smpk.kr로 간단한 개요와 취지, 연락처 등을 보내주세요. 머뭇거리지 말고 문을 두드리세요. 길이 열립니다.

FIRE!

불붙는 조직 만들기

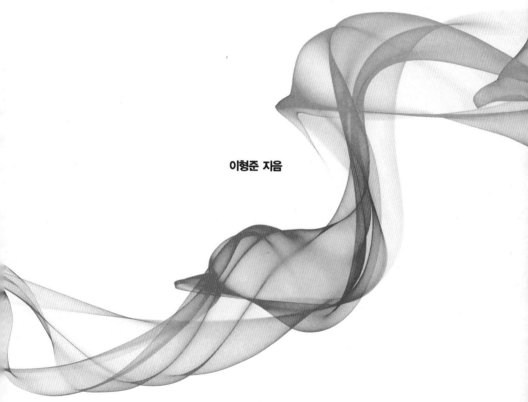

이형준 지음

쌤앤파커스

— 인간에 대한 따듯한 이해와 변화를 위한 구체적인 안내가 무척 유용하다. 팀에 문제가 생길 때마다 두고두고 펼쳐보고 참고할 내용이 가득하다. 함께 읽는 것만으로도 팀워크에 불을 활활 붙여줄 것이다.

김영배, KAIST 경영대학원 전략경영 조직관리 교수

— 팀장의 실무 지침서, 잡다한 스킬이 아니라 본질을 이해시키는 책. 스토리를 따라가다 보면 어느새 팀 관리의 핵심을 이해한다. 팀의 본질, 일의 본질, 인간의 본질에 대해 이보다 더 쉽고 간결하게 핵심만 알려주는 책이 또 있을까? 대한민국 팀장 교과서로 강추!

변정주, 전 KAIST 교수, 전 아더앤더슨코리아 대표

— 인사人事의 목적을 한마디로 하면 동기부여라고 할 수 있지 않을까? 이 책은 '치열하게 살면 편안해지고, 편안하게 살면 치열해진다'고 한다. 저자는 치열하게 사는 방법으로 경청, 인정, 관심, 지지적 피드백을 말하고 있는데, 이 모두가 동기부여를 위한 것이 아닐까? 이 책이 모든 조직에서 고민하고 있는 현실적인 문제를 해결하는 단초를 제공할 것으로 믿는다.

박원표, GS칼텍스 고문, KPC, PCC

— 어떤 책은 읽을 때는 좋은데 읽고 나면 뭔가 허전하다. 그런데 이 책은 다르다. '그래서 어쩌라는 거지?'에 대한 대답을 확실하게 알려준다. 당장 실천할 수 있는 실질적인 지침뿐만 아니라, 의욕과 에너지를 심어주는 책.

이용일, 한국암웨이 전무

— 전반부의 스토리는 꼭 내 이야기 같고, 후반부의 이론편은 시험 정답만 압축해놓은 '족보' 같았다. 왠지 읽는 것만으로도 희망과 긍정이 차오르는 느낌이랄까? 소중한 동료와 후배들에게 추천하고 싶다. 그보다 먼저 우리 회사 팀장들에게 당장 선물해주고 싶다.

김덕신, 한샘 상무

— 누가 봐도 습득하고 알기 쉬운 이야기와 체계적인 이론으로 구성된 독창적인 도서의 구성을 보면 금세 이 책의 가치와 무게를 느낄 수 있을 것이다. 이 책이 각계각층 조직의 리더들에게 참신한 시각으로 해법을 던져주고 그것을 각각의 실전에 알맞게 잘 적용되게 함으로써 기업 발전은 물론 나아가서 사회와 국가의 발전에 크게 기여해주리라 굳게 믿는다.

황성구, 신효산업 대표, 전 부산항만공사부사장

— 신임 팀장 시절이 엊그제 같은데 막상 연륜이 쌓여가면서도 갈수록 어렵다고 생각되는 점이 있다면 사람관리가 아닌가 싶다. 이러한 의미에서 이 책은 마치 낙엽 같았던 조직을 열정이 넘치는 강한 조직으로 만들어 가는 과정을 읽기 쉽게 기술했다. 대부분 조직관리의 성패를 좌우할 조직의 리더에게

는 상당히 중요한 내용이다. 삼가 일독을 통해 열정이 넘치는 조직을 만드는 중요한 계기가 되기를 기대해본다.

손영환, SK네트웍스 팀장

— 팀장이 알아야 할 여러 가지 복잡한 것들이 많지만, 사실 가장 중요한 것은 팀의 분위기다. 분위기 좋은 팀이 성과도 좋다는 것은 누구나 아는 사실. 그렇다면 팀의 분위기는 어떻게 해야 좋아질까? 그 답이 바로 여기에 있다. 재미있고 편안하게 읽히지만, 메시지는 직설적이고 강렬하다. 당신의 조직에, 아니 그보다 먼저 당신의 마음에 불을 붙여줄 것이다.

양주명, 다울소프트 대표

— 아주 중요하지만 이제껏 한국의 조직들이 외면해온 것을 되짚어보는 책. 아무리 대단한 경영이론도 한 사람이 가진 마음의 불씨보다 중요할 리 없다. 모든 구성원의 마음에 조그마한 불씨를 하나씩 켜주는 책. 그 불씨들이 모이면 어마어마하게 큰일도 해낼 수 있다는 믿음과 희망이 생길 것이다.

오효성, 우리펫 대표

— 이형준 코치의 책을 오랫동안 기다렸다. 그동안 코칭의 세계에 들려오는 그의 활약상이 마침내 책으로 만들어진다니 당연 기대할 수밖에 없지 않은가? 한편의 다큐를 보듯, 영화를 보듯 책을 받자마자 한숨에 읽었다. 머리로, 가슴으로 삽시간에 불이 옮겨 붙었다. 제대로 된 불이다.

이성용, 하우스크리에이티브 대표

FIRE!

1

답답한 현실

어둠이 깔리는 11월의 금요일 오후 5시, 사무실로 들어가는 도시는 꽉 막혀 있다. 영업팀 이형식 부장. 17년 동안 한 회사에서 일하고 있지만 올해처럼 힘든 적이 없었다. 몇 년째 계속되는 경기불황에 그동안 할 수 있는 최선의 노력을 다했지만, 이제는 마른 수건 짜내는 느낌밖에 들지 않는다. 오늘도 계약을 성사시킬 수 있을 것이라 생각하고 고객사를 방문했지만 성과는 없다. 솔직히 이제는 마른 수건이 뜯어지는 느낌이다.

앞에 보이는 수많은 차량들의 빨간색 후미등. 한 블록만 건너면 바로 회사인데 벌써 몇 번째 신호대기 중인지 모르겠다. 신호등이 초록색으로 바뀌어도 자동차들은 꼼짝하지 않는다. 답답하다.

"위이잉~."

진동소리에 핸드폰을 꺼내본다. 이 차장이 보낸 문자다.

'팀장님, 김 상무님이 6시에 영업팀장 회의한다고 하십니다.'

문자만 보는데도 입안에서 쓴맛이 돈다. 실적회의가 뻔한데 오늘 결과도 좋지 않았으니 무슨 변명을 해야 하나. 연초부터 다음 달이면 결과가 나올 것이라고 계속 미뤄왔는데 이제 연말이 다가오니 둘러댈 말도 없다.

신호가 몇 번 바뀌고 겨우 사거리를 지나 회사 주차장으로 들어선다. 건물 뒤편 주차장은 그늘이 져 더욱 으슥하다. 낙엽도 많이 떨어져 나무들은 앙상하다 못해 을씨년스럽기까지 하다. 사무실로 들어오면서 보이는 사람들의 표정은 밝아 보이는데 나만 외롭고 쓸쓸하다.

회의실 창밖은 이미 깜깜해져서 아무것도 보이지 않고, 마치 거울처럼 나의 후줄근한 모습을 비추고 있다. 회의실의 밝은 형광등이 왠지 내 속내까지 다 비출 것 같다. 자리에 모인 영업팀장들…. 얼굴이 밝고 목소리가 큰 부장들은 그래도 성과가 있는 거다. 나는 상무님의 시선을 피할 수 있는 구석자리에 앉는다. 상무님이 들어왔다.

"다들 성과는 가지고 왔겠지?"

"이 부장부터 이야기해봐, 들어갔던 것 잘됐어?"

하필이면 첫 번째로 내가 걸렸다.

"오늘 방문해서 담당자와 이야기해봤는데, 답변을 안 하고 질질 끄는 게 느낌이 좋지 않습니다."

"야! 느낌이 안 좋으면 어떻게 해?"

버럭 목소리가 커진다.

"너 그것 못하면 니네 팀 매출 작살나는 거야. 그리고 니네 팀 문제로 끝나지 않아. 우리 전체 매출도 빵꾸야. 그거 어떻게 하려고 그래? 딴 팀에서 아무리 쎄빠지게 뛰어도 못 맞춰….”

“….”

“몰라. 무조건 만들어내. 알았어?”

“….”

“알았어, 몰랐어? 왜 대답을 안 해? 알았어, 몰랐어?”

처음부터 김 상무의 언성이 올라간다. 숨통을 틀어막을 것 같은 목소리와 눈빛을 피해 고개를 떨구고 낮은 목소리로 대답한다.

“어떻게든 해보겠습니다.”

김 상무는 보란 듯이 한숨을 내쉬고는 다음 사람으로 타깃을 바꾼다.

“3팀은 어떻게 되고 있어?”

“….”

순서대로 깨진다. 오늘도 변함없이. 모여 앉은 영업부장들이 추풍낙엽처럼 나가떨어진다. 나부터 시작해서 오른쪽으로 한 바퀴가 다 돌아간 후에야 김 상무의 칼춤이 끝난다. 모두들 잘 해보겠다, 열심히 하겠다, 방법을 만들어보겠다는 뻔한 변명을 하며 상황을 모면한다. 다들 마무리를 위해 김 상무의 눈치를 본다.

“영업은 숫자가 인격이야. 잊지 마. 인격적인 대우 받고 싶으면 숫자부터 만들어와.”

“네….”

이렇게 마무리하고 일어서 나가려는 순간, 김 상무가 부른다.

“이 부장은 잠깐 남아봐.”

아, 무슨 이야기를 하려고 또 나를 부르는가….

다른 부장들이 안됐다는 눈빛을 나에게 보내며, 회의실을 빠져 나간다. 문이 닫히자 잠시 정적이 감돈다.

"딴 게 아니라 강 차장 어떻게 할 거야?"

올해 구조조정 되면서 우리 팀으로 온 강 차장은 사실 나에게도 골치 아픈 존재다.

"걔는 지금까지 숫자 만들어낸 게 있어?"

지금 상황이 어떤지 김 상무도 알면서 하는 소리다. 뭐라고 대답해야 할지 계산이 서지 않는다.

"너, 강 차장 관리 똑바로 안 할 거야? 일 못하면 잘라버린다고 그래. 니가 말 못하겠어? 내가 말해줘? 넌 너무 착해서 문제야. 애들한테 다 오냐오냐 하다가는 일 못해. 들이쫘야 해. 그래야 결과가 나와. 이렇게 해도 지금 결과가 나올까 말까인데, 어영부영하다가는 아무것도 안 돼. 알았어? 연말까지 결과를 내든지, 걔랑 니네 팀 다 짐 싸든지 알아서 해. 알았어?"

숨이 탁 막힌다. 뭐라고 해야 하나? 순간 머리가 핑 도는 것 같다. 낮게 대답한다.

"예…."

확인도장이라도 받은 듯 김 상무는 내 말을 뒤로 하고 회의실을 나가버린다. 회의실이 갑자기 운동장처럼 크게 느껴졌다가 다시 확 좁아진다. 모든 것이 나를 짓누르는 것 같다. 답답하다. 현실이….

지금 와서 그런 소리 해서 뭐해?

회의실에서 나와 자리로 돌아와 앉는다. 낮은 파티션 넘어 앉아 있는 팀원들…. 컴퓨터를 두드리며 일하는 것처럼 보이지만, 다들 내 시선을 피하려는 것이다.

파티션 너머 내 왼쪽 앞에 앉은 넉넉한 덩치의 이 차장. 사람은 참 좋다. 나보다 나이는 많지만 승진을 못해서 아직 차장이다. 자기 말로는 이 회사 오기 전에는 잘나갔었다고 하는데, 나는 그 실력을 한 번도 보지 못했다.

그 옆으로는 김 대리. 왠지 뺀질뺀질하다. 키도 크고 인물도 준수한데 노는 것을 너무 좋아한다. 점심때나 저녁때 그를 쉽게 만날 수 있는 곳은 당구장이다. 돈 벌면 나중에 당구장이나 하나 차리겠다는 이야기를 들을 때마다 왠지 못마땅하다.

내 오른쪽 앞 강 차장은 사실 기존의 팀이 해체되면서 우리 팀으로 왔다. 전에는 그래도 일 잘한다는 이야기를 꽤 들었던 친구인데, 우리 팀에 온 이후로는 영 아니다. 왠지 다른 회사를 알아보는 듯한 낌새. 저 친구가 제 몫을 해준다면 우리 팀 매출이 많이 올라갈 텐데, 영 실력발휘를 안 하는 것 같다.

그 옆은 박 대리. 우리 팀에 유일한 여성 멤버다. 처음 입사면접 때부터 내가 뽑았고, 성과도 가장 좋다. 워낙 당찬 데다 결과를 내고자 하는 승부욕이 있다. 열심히 하니 고객사도 좋아하고, 회사 내 다른 팀 여자 직원들 사이에서도 인기가 좋다. 회사 안팎으로 두루두루 제 역할을 하는 우리 팀의 인재다.

맨 끝은 우리 팀 막내. 올해 졸업해서 바로 입사했다. 어떤 때는 굉장히 잘하는 것 같다가도, 또 어떤 때 보면 굉장히 어리바리하다. 아무래도 처음으로 직장생활에 적응하려다 보니, 모르는 것이 많아서 그러는 게 아닌가 싶다. 그래도 우리 팀에 처음 온 막내라 애정이 간다.

이렇게 해서 우리 팀은 나 포함 6명이다. 예전에 내가 입사하던 시절만 해도 한 팀이 적어도 10명씩은 되었는데, 팀 체제로 바뀐 이후에는 팀의 인원이 많이 줄었다.

"팀장님, 저녁식사 하러 가시죠?"

넘버 투, 이 차장이다. 오늘따라 이 차장의 말투가 왠지 조심스럽다. 한참 깨지고 욕을 바가지로 먹고 와서 그런지 배고프다는 생각도 안 든다.

"팀장님께서 이번 주에 회식하자고 하신 날입니다."

탁상달력을 살펴보니 오늘 날짜에 동그라미가 쳐져 있고, 밑에 회식이라고 적혀져 있다.

"아, 알았어. 애들 데리고 먼저 가. 잠깐 메일만 체크하고 갈게."

"네…. 알겠습니다."

"자, 다들 일어서자고…."

팀원들을 향해 이 차장이 분위기를 잡는다. 다른 때는 모르겠는데 이럴 때보면 정말 빠르다. 잔뜩 쌓여 있는 메일들 중 중요해 보이는 메일만 대충 클릭해서 내용을 살펴본다. 여러 팀에서 보내달라는 자료요청이 대부분이다. 머리가 지끈거린다. 오늘 같은 날은 소주 한잔 마시는 게 더 나을 것 같아 노트북을 접고 일어선다.

엘리베이터를 타고 내려와 회사 앞 고깃집으로 향한다. 예전에는 손님들로 바글바글했던 집인데, 요즘은 확실히 손님이 줄었다. 우리 팀이 애용하는 방으로 들어선다.

막내가 일어서자 다들 일어서려고 한다.

"됐어…. 앉아."

외투를 막내에게 넘겨주고 비어놓은 가운데 자리에 가서 앉는다. 수저와 잔들이 세팅되어 있고, 아직 고기는 들어오지 않았다.

"고기 가져오라고 해."

종업원이 들어와서 불판에 고기를 올려주고 나간다. 고기가 구워지니 방은 점점 뜨거워지는데 분위기는 아직도 냉랭하다. 하루이틀도 아니고, 다들 회의실에서 무슨 일이 있었는지 알고 있는 것이다. 딱히 할 말도 없고….

"자, 한잔 받아."

앞에 있는 소주를 따서 이 차장부터 한 잔씩 쭉 따라준다.

"다들 알지?"

"네…."

죄송하다는 표정으로 낮게 대답한다.

"난 너희들 믿어. 잘해보자."

술잔을 부딪치고 입안으로 털어넣는다. 목젖을 타고 술이 들어가면서 왠지 몸이 풀리는 느낌이 든다.

"수고 많으셨어요, 팀장님."

이 차장이 내 잔에 술을 채우며 위로한다. 나 대신 팀장회의에 몇 번 들어가봐서 그 분위기를 잘 안다.

"뭐, 저희가 열심히 해야 하는 건 맞는데, 목표가 너무 높아요. 시장상황 같은 건 고려도 안 하고 말도 안 되는 목표를 주는데…. 올해 초 저희가 올린 목표에 30% 더 올려서 받았잖아요. 어찌 보면 못하는 게 당연한 거 아니에요?"

"이 차장, 지금 와서 그런 소리 해서 뭐해?"

말은 이렇게 하지만 이 차장 말도 틀린 것은 아니다.

술이 더 오가고 죄송하다고, 잘하겠다는 말을 들으며, 그래 열심히 한번 해보자고 분위기를 다잡아본다.

2

보이지 않는 것

눈을 뜨니 토요일 아침이다. 집이 조용한 걸 보니 아내가 애들을 데리고 나갔나보다. 정신을 차리기 위해 냉장고에서 물병을 꺼내 큰 컵으로 두 컵을 벌컥벌컥 마신다. 어제도 너무 달렸다. 머리가 지끈지끈. 업무상 마시는 술은 이제 좀 자제하려고 하는데 일단 마시기 시작하면 그게 잘 안 된다.

무거운 몸을 소파에 누이고, 습관적으로 리모컨을 찾아 TV를 튼다. 그래도 오늘은 골프접대가 없어서 그나마 이렇게 숨을 돌릴 수 있다. 이것저것 채널을 돌려보지만 마땅히 볼 만한 것도 없다.

핸드폰을 살펴본다. 문자메시지가 와 있다. 내용을 살펴보니 대학교 때 친했던 동기의 모친상 소식이다. 동기들이 오늘 오후 1시에 만나자고 한다. 몸은 힘들지만 그래도 내일 혼자 가는 것보다는 나을 듯하다.

'그래, 간만에 친구들 얼굴이나 보게 준비하고 나가야겠다.'

분당의 한 대학병원 장례식장에 도착했다. 주차장이 넓은데도 주차할 곳이 마땅치 않다. 겨울에 어르신들이 많이 돌아가신다는 생각이 든다.

로비에서 만나기로 한 동기들을 기다린다. 봉투에 조의금을 넣고 이름을 적는다. 마침 그때 친구들이 들어온다.

"야, 반갑다. 잘 지냈어?"

"그렇지 뭐, 너는?"

다들 반갑게 인사를 건넨다. 오랜만에 얼굴을 보니 기분이 다 좋아진다. 처음 만났을 때가 벌써 20년 전이다. 그 정도의 시간이 지났으니 세월을 거스를 수는 없겠지만, 머리 좀 빠지고 살이 쪄서 그렇지 다들 어렸을 적 그 얼굴들을 가지고 있다.

"조문부터 하자."

계단을 올라 빈소로 향한다. 조의금을 내고 방명록에 이름을 적는다. 빈소 안쪽에 친구가 보인다. 고인이 되신 친구 어머님을 위해 절을 하고, 상주인 친구와 맞절을 한다.

"어떻게 된 일이야?"

"오래 전부터 편찮으셨어."

"그러셨구나…."

친구의 안내를 받아 다 같이 식당으로 자리를 옮긴다. 벌써 여러 명의 동문들이 넓은 자리를 차지하고 있다. 우리들을 보고 일어나는 친구들과 선배들의 손을 잡으며 반갑게 인사를 한다. '이런 데서나 얼굴 본다.'는 인사는 벌써 몇 년째 반복이다.

전공은 같지만 세월이 지나니 하는 일들이 다 달라졌다. 광고회사, IT회사, 보험회사. 그리고 회사를 그만두고 학원이나 커피숍 등 자영업을 하는 친구들. 하는 일은 달라도 결국은 돈을 벌어야 하는 일이다. 그러다 보니, 비슷한 생각과 입장을 가지고 있다. 그래도 월급쟁이 안 하고 자기 일하며 사장 소리 듣는 친구들이 부럽다.

"어이, 사장님. 커피숍은 잘되고?"

"말도 마. 요즘 커피숍이 너무 많이 생겨서 매출이 많이 떨어졌어. 그리고 애들 뽑는 게 일이야. 가르쳐서 쓸 만하면 나가고, 쓸 만하고 나가고⋯. 사람 부리는 게 이렇게 힘든 줄 몰랐다."

"똑같네."

IT회사에서 영업으로 잘나간다는 친구가 말을 받는다.

"우리도 괜찮은 놈 뽑는 게 일이다. 사람은 없는데 계속 실적을 내라고 하니 미칠 노릇이지. 아주 미쳐버리겠다."

"그래도 너희 회사는 잘되지 않냐? 신문에도 여러 번 기사 났던데?"

광고회사에 다니는 친구가 역시 소식도 밝다.

"사장님이 일 벌이는 거 좋아해서 일은 많아지고, 사람은 없고. 어떻게 하겠냐? 직원들 쪼는 수밖에 없지."

"살살 해라. 너나 걔네들이나 다들 월급 받고 회사 다니는 처지인데."

"아이고, 학원장님. 편안한 말씀하시네요. 애들은 가만 놔두면 그냥 놀아. 그냥 무조건 몰아붙여야지 일을 한다고⋯."

'가만 놔두면 그냥 논다고? 꼭 그런 거 같지는 않은데⋯.'

"회사에서 성공하는 사람들 봐라. 다 한 성깔 하는 사람들 아니냐? 결국 회사에서 인정받으려면 목소리 크고, 성질 좀 부려야 하는 거야."

'아…, 그런 건가?'

생각해보니 우리 회사 영업부에서 승진한 분들 중에는 강성이 많았다. 김 상무님이 나에게 '너무 약하다', '직원들을 세게 다루라'는 것도 다 이런 의미가 아닐까? 그런데 나는 강성이 체질에 안 맞는데 무조건 그래야 하나? 갑자기 가슴이 확 막히는 듯하다.

그때, 저쪽에서 오는 선배. 아, 얼마만이냐. 저절로 일어나 반기게 된다.

상황에 맞는 리더십 스타일?

대학 시절에도 멋졌던 형. 요즘에는 기업교육 분야 비즈니스 코칭 회사를 운영한다고 들었다.

"장원이 형, 오랜만이에요?"

"그래, 형식아. 잘 지내지?"

"네…."

내 옆자리를 권하고, 일하시는 분에게 식사를 부탁했다. 형은 식사를 하면서 우리들의 이야기를 듣는다. 목소리 큰 친구는 아직도 '영업은 무조건 직원들을 세게 잡아야 한다'고 일장연설을 하고 있다. 형은 식사를 다 마쳤는지 휴지로 입을 닦으며 친구에게 물어본다.

"그렇게 세게 몰아붙이면, 직원들은 자발적으로 일하든?"

"자발적으로요?"

친구가 짐짓 당황한다. 무슨 말인가 아직 못 알아먹은 것 같다.

"응, 원래 그렇게 명령형으로 몰아붙이면, 단기적인 성과를 내는 데는 유리한데 장기적으로 보면 직원들이 자발적으로 움직이지 않아. 다 윗사람 눈치 보느라 바쁘지. 그래서 단순 업무를 하는 산업사회에서는 명령형이 잘 먹히는 방법이었는데, 요즘 같이 직원들이 자발적인 동기를 가지고 창의적으로 일해야 하는 지식사회에서는 불리한 점이 많아."

"그래도 성과를 내려면 강압적으로 밀어붙이는 게 유리한 거 아닌가?"

내 앞에 앉아 있던 커피숍 하는 친구가 묻는다.

"단기적으로는 유리한데, 그런 팀들은 팀의 분위기가 좋지 않아. 그럴 경우에 장기적으로는 결국 성과에 안 좋은 영향을 미쳐. 자료들을 살펴보면 분위기 좋은 팀은 재무적 성과에 있어서 1/3 정도 좋다고 나오거든. 거꾸로 분위기가 안 좋은 팀은 그만큼 성과가 안 나온다는 이야기지."

형은 말을 이어간다.

"다니엘 골먼이라고 들어봤니? EQ로 유명한 양반인데, 그가 말한 것 중에 '상황적 리더십'이라는 게 있어. 리더가 쓸 수 있는 여러 가지 리더십 스타일이라는 게 있는데, 방금 말한 명령형 말고도 실무형, 연합형, 비전형, 코칭형 등이 있지. 이 스타일들이 각각 장점이 있어서 상황에 맞는 리더십 스타일로 팀을 이끌어야 좋은 성과가 나온다는 거야.

예를 들어 많은 사람의 마음을 얻어서 함께 일해야 할 때는 연합형이 유리하고, 일을 시작하거나 하나의 목표로 움직이게 할 때는 비전형, 그리고 사람들을 성장시켜야 할 때는 코칭형이 유리하지. 반면, 나의 능력을 바탕으로 단기간에 높은 기준의 일을 마쳐야 할 때는 실무형이 좋고, 빠른 시간 안에 결정을 내리고, 누군가가 책임져야 할 때는 명령형이 유리하지.

내가 말하려는 건 강압적으로 보이기 쉬운 명령형이 무조건 나쁘다는 게 아니야. 명령형과 실무형은 팀 분위기에 부정적인 영향을 미치거든. 그래서 이 두 가지 스타일은 필요할 때만 적절하게 써야 한다는 거야.

각자가 쓰는 리더십 스타일은 한두 가지야. 어떤 게 더 좋거나 나쁘다는 게 아니라, 각자 자기가 이제까지 써보지 못한 리더십 스타일도 활용할 줄 알아야 유리하다는 거지."

형은 동기들을 바라보지만 내 손을 슬쩍 잡으며 이야기한다.

"형식이 같이 착하고 부드러운 친구는 상황에 따라서 명령형과 실무형도 쓸 줄 알아야 하고, 너같이 좀 강성인 경우에는 연합형과 비전형 등 다른 리더십 스타일을 활용할 줄 알아야 좋은 결과를 낼 수가 있어."

'아…. 이런 게 있었구나.'

진정한 리더가 되기 위해서는 무언가 많이 알아야겠다는 생각이 든다.

"골프와 비슷해. 우리가 처음 공을 멀리 보낼 때는 드라이버를 쓰고, 벙커에 빠졌을 때는 샌드웨지, 그리고 마지막으로 홀에 공을 넣을 때는 퍼터를 쓰잖아. 그 상황에 가장 잘 맞는 채를 쓰는 것처럼 일할 때도 상황에 가장 적합한 리더십 방법을 구사해야 좋은 결과가 나오는 거야."

동기들은 다들 그렇구나 하고 끄덕이는 분위기다.

"그건 그렇고, 형은 요즘 어떻게 살아요?"

건너편에 앉아 있던 광고대행사 다니는 친구가 화제를 돌린다.

이야기는 다시 세상 사는 이야기로 돌아간다. 머릿속에 자꾸 생각이 맴돈다.

'상황에 가장 적합한 방법이라…. 난 제대로 알고 있기나 한 건가? 무엇부터 시작해야 하지?'

알 것 같기도 하지만 막상 어디서부터 어떻게 풀어가야 할지는 아직 좀 막막하다. 관련된 공부를 해야겠다는 생각이 계속해서 든다.

신뢰…? 그건 당연한 거 아니야?

한참 동안 이야기를 나눈 후 한 친구가 집에 가야겠다고 일어서니 줄줄이 일어선다. 나오는 길에 상주인 친구가 손을 잡으며 고맙다고 인사한다. 다시 한 번 위로의 말을 전하고 친구들과 함께 장례식장을 나왔다.

건물 밖으로 나오자 자연스럽게 담배에 손이 간다. 쓰레기통이 있는 곳으로 걸어가 담뱃불을 붙이는데 다들 영업하는 친구들이다.

"너 옛날에는 담배 안 피웠잖아?

장원이 형이다.

"회사 들어가서 스트레스 받고, 또 영업하려니 고객들과 한 대씩 피우다가…. 끊어야 하는데 쉽지가 않네."

멋쩍은 웃음이 나온다.

"뭐가 그렇게 스트레스야?"

"뻔하지, 뭐. 회사에서는 실적 만들어내라고 하는데, 경기가 안 좋으니 영업도 쉽지가 않고…. 나는 열심히 뛰어다니는데 우리 팀원들은 그런 거 같지도 않고…. 영업팀 이끌기가 만만치 않네."

"음…. 그렇구나."

진심으로 걱정해주는 눈빛이다.

"아까 형이 말한 이야기 인상 깊었어. 리더십에 스타일이 있고, 다른 스타일을 쓸 줄 알아야 한다는 것. 그동안 어떻게 해야 하나 고민이 많았었는데 해답을 찾은 것 같아. 조금 더 알아봐야 할 것 같지만, 아무튼 그랬어."

"조금 더 알아보고 싶은 건 뭐야?"

담배도 피우지 않는 형이 쓰레기통에 같이 둘러서서 내 이야기를 받아준다.

"어, 무슨 이야기인 줄은 알겠는데, 어떻게 시작해야 할지 좀 막막하더라고. 그래서 좀 더 알아봐야 할 것 같다는 생각을 했지."

"직원들하고 관계는 어때?"

"좋아. 내가 사람 좋다는 말은 많이 듣잖아. 성과가 안 나와서 그렇지."

말하고 나니 쓴웃음이 지어진다.

"내 생각에, 팀을 이끌어서 성과를 내는 데 가장 중요한 것은 신뢰 같아. 그게 밑바탕을 이루는 가장 중요한 기본이야. 서로 간의 신뢰가 있어야 그 다음에 무슨 이야기를 하더라도 효과적으로 주고받지."

"신뢰? 그게 그렇게 중요해? 아니, 그건 당연한 이야기 아니야? 뭔가 성과를 내기 위해서는 좀 더 구체적인 스킬이 필요할 것 같은데…."

"사람들은 눈에 보이는 것만 생각하는데, 사람 사이에는 눈에 보이지 않는 것이 훨씬 중요해. 신뢰라는 것이 사람 사이에 있어야 일이 훨씬 효과적으로 진행되지. 신뢰가 높으면 비용과 시간이 줄어들거든."

"비용과 시간이 줄어든다는 게 무슨 말이야?"

담배를 끄고 좀 더 이야기에 귀를 기울인다.

"예를 들면, 미국에서 9.11 테러 이후에 사람들에 대한 신뢰가 땅에 떨어졌잖아. 그래서 공항 검색대에 장비가 추가되고 검사도 세밀하게 하니까, 검사하는 데 들어가는 장비와 인력에 대한 비용, 그리고 거기에 소요되는 **24 · 25**

시간이 늦게 되었지."

"그렇지."

고개가 끄덕여진다.

"거꾸로 내가 너에게, 내가 아는 사람이라고 잘 봐달라고 소개하면 어떻게 될까? 나를 믿는다면 아무래도 그 사람과 일할 때, 그 사람을 알아보는 데 들어가는 시간과 비용이 줄어들지 않겠어?"

"그렇겠지. 형이 추천해주면 그 업체나 사람을 확인하는 데 시간을 쓰기보다는 믿고 일을 만들어가는 데 신경을 쓰겠지."

이제 조금 이해가 된다. 형이 웃으며 묻는다.

"넌 사무실이 어디니?"

"난 강남역. 국기원 사거리 있는 데…."

"가깝네. 난 역삼역 밑이야."

"근처네. 형, 자주 보자."

"그래, 조만간 밥 한번 같이 먹자."

같이 주차장까지 걸어와서 인사를 하고 차를 몰고 나온다. 왠지 하늘도 더 맑고 따뜻하게 느껴진다. 마음속 한구석에 왠지 한줄기 빛이 비춰지는 느낌이랄까? 신뢰가 기본. 상황에 맞는 리더십 스타일. 이것이 출발점이 될 것 같다. 그래, 월요일부터 시작해보자.

3

신뢰를 쌓는 방법

월요일 아침, 커피를 타서 회의실로 들어간다. 주말을 어떻게 보냈는지 물어본다. 이 차장은 골프연습을 했다고 하고, 강 차장은 별일 없었단다. 박 대리는 부모님과 식사했다고 하고, 김 대리는 여자친구와 영화를 봤다고 한다. 막내는 오랜만에 집 청소를 했다고….

지난주 매출실적 확인하고, 이번 주 영업계획을 들어본다. 이 차장은 큰건을 계속 시도한다고 하는데, 가능성이 희박한 곳에 너무 많은 시간을 쓰는 게 아닌가 싶다. 강 차장은 지난주에 하겠다고 한 일을 또 한다고 말한다. 열심히 일하는 것처럼 이야기하지만 내용은 별것 없다.

"강 차장, 거기는 지난주에도 간다고 했잖아?"

"지난주에 방문하려고 전화를 했었는데 다들 바쁘다고 다음에 오라고 해서 밀렸습니다."

꿍! 어떻게 매주 그렇게 다음에 오라고 하겠냐? 누구는 영업 안 해봤나?

딱 봐도 오지 말라고 둘러댄 변명임을 알 수 있었지만, 월요일 아침부터 뭐라고 하기가 그렇다. 이번 주부터 신경 쓰기로 한 부분이 신뢰 아니던가? 다음 사람에게로 이야기를 돌린다.

"김 대리는 이번 주 계획이 어떻게 돼?"

"네, 이번에는 주간계획표에 적혀 있는 고객사 방문 계획 외에 영업자료 완성하는 게 있습니다. 우리 팀이 같이 쓸 인쇄물 작업을 이번 주까지 마치도록 하겠습니다."

"인쇄물 시안 나한테 안 보여줬잖아?"

"빨리 만들어서 보여드리겠습니다."

뭔가 말을 하긴 하는데 조금 건성이라는 느낌이 든다.

"아직 시안도 안 나왔는데 이번 주까지 인쇄할 수 있겠어? 아무튼 시안부터 보여주고…."

빨리 진행하겠다고 하니 지켜보겠지만, 과연 될 수 있을까 싶다.

박 대리와 막내의 주간계획까지 들었는데 지난주와 별로 달라진 게 없다. 신뢰를 형성해야 하는데 어떻게 해야 하나…. 실제로 해보려고 하니 쉽지 않다. 그냥 그동안 내가 잘해왔으니까 우리 팀은 신뢰가 형성되었다고 봐야 하는 것 아닌가?

"잘 알겠고, 지난 주 회식 때 다짐한 것처럼 이번 주는 열심히 뛰어보자. 알겠지?"

"예…."

힘찬 대답을 기대했지만, 반응이 시원치 않다. 한마디 할까 잠깐 고민하다 그냥 다이어리와 주간계획표를 챙겨서 일어난다.

책상에 돌아와 앉는다. 어떻게 하면 좋을지 고민이다. 이렇게 해서는 아무것도 변하지 않을 것 같다. 장원이 형에게 도움을 청해볼까? 월요일 오전이라 형도 회의 중일 것 같아 메시지를 보낸다.

'형, 토요일에 잘 들어갔어요?'

잠시 후 답변이 온다.

'어, 그래. 잘 들어갔어. 연락 줘서 고맙다.'

'오늘 많이 바빠요?'

'오전에 회의만 끝나면 괜찮아. 왜?'

'그럼, 점심 같이 할까요?'

잠시 답변이 없다. 고민하거나 스케줄 체크를 하는 것 같다.

'좋아. 어디서 볼까?'

'국수전골 괜찮아요?'

'어, 좋지.'

'그럼 제가 주소하고 약도 찾아서 보낼게요.'

'그래, 그럼 12시에 보자.'

막상 약속을 하고 나니 무엇을 물어볼까 고민이 된다. 실제로 신뢰를 쌓으려면 어떻게 해야 할까? 리더십 스타일을 다양하게 활용해보라고 했는데, 그럼 나는 회의 때 팀원들에게 진짜 세게 나가는 게 방법일까? 상상이 잘 안 된다. 갑자기 바뀌면 팀원들이 '쟤 왜 저래?' 할 것만 같다. 수첩을 펴서 몇 글자 적어본다.

- 신뢰 쌓는 방법

- 나는 어디서 시작해야 하는가?

신뢰와 시작이라는 단어에 동그라미를 쳤다. 하나씩 배우고 실천하자. 그럼 뭐든 되겠지…. 다시 한 번 마음을 다잡아본다.

일이란 결국 사람이 모여서 하는 것

약속시간이 아직 남았지만 조금 일찍 움직인다. 내가 만나자고 부탁했고, 나의 부탁에 선뜻 응해준 형이 고맙기도 해서다. 먼저 가서 맞이하고 싶다.

식당에 도착해 가능한 이야기하기 좋은 구석 창가에 자리를 잡았다. 아직 시간이 남았는데 장원이 형이 들어오는 것이 보인다. 종업원의 안내를 받아 내 쪽으로 들어온다.

"형, 반가워요."

토요일에 만났지만 자연스럽게 손을 내밀어 악수를 청한다. 반가움의 표현이다.

"그래, 반갑다."

내 마음을 아는 듯 웃으며 응해준다.

"야, 생각보다 우리 가까이 있었구나. 회사에서 아주 금방이네."

"그렇죠, 형?"

인사를 나누며 새삼 가까운 곳에서 지내고 있었다는 것이 신기하기도 하고, 이젠 앞으로 믿고 지낼 사람이 근처에서 일하고 있다는 점에 든든하기도 했다.

식사가 나오고도 한참을 그동안 살아온 이야기, 아이들 이야기 등을 나눴다. 그동안 친구와 선배들을 통해 서로의 안부는 들었지만, 실제 얼굴을 보게 되니 하나하나 다시 확인하게 된다. 후식으로 수정과가 나오자 그제야 회사 이야기를 하게 된다.

그래도 팀원으로 있을 때는 어디서나 일 잘한다는 이야기를 들으며 회사 생활을 했었는데, 팀장이 된 이후로 힘들어진 이야기, 요즘 회사 돌아가는 상황, 그 안에서 나의 어려운 점, 직원들 관리하는 데 힘든 이야기 등등. 형이 이야기를 잘 들어주니 아주 봇물 터지듯 이야기를 쏟아내게 된다.

한참을 들어주던 형이 미소를 지으며 첫 마디를 꺼낸다.

"결국 팀이란 사람들이 모여 있는 거잖아? 결국 한 사람, 한 사람을 잘 알고 그들과의 관계를 굳건히 해나갈 때 신뢰도 쌓이고 결과도 좋게 나오는 거야."

"형, 신뢰를 쌓아나간다는 것이 말은 뭔지 알겠는데, 막상 실천하려고 하니까 무엇부터 어떻게 해야 할지 좀 막막해. 똑같이 신뢰를 쌓으려고 해도 누구한테는 잘 먹히는데, 또 누구한테는 소용이 없고…. 어떻게 해야 할지 갈피를 못 잡겠어."

"그게 핵심이야. 누구는 잘 먹히는데, 누구한테는 소용이 없다는 것."

왜 이게 핵심일까 의아해졌다.

"사람은 다 다르지. 그런데 그것을 잘 이해하지 못하고, 다른 사람도 나와 비슷할 것이라고 생각하고 행동하게 되면 문제가 생길 수밖에 없어. 내가 원하는 반응을 보이는 사람에게는 호의적인 태도를 취하고, 그렇지 못한 사람들은 영 틀렸다고 생각하지. 사실 틀린 것이 아니라 나와 다를 뿐인데…. 이 부분이 많은 리더들이 빠지게 되는 함정이야."

이세 함정이라는 것도 놀라웠시만, 많은 리더들이 똑같은 함성에 빠진다고 하니 약간 안심이 되기도 했다.

"그럼, 어떻게 해야 돼?"

"사람을 이해하는 데는 다양한 방법이 있지만, 네가 쓰기 좋은 방법으로는…, 음…, DISC라는 게 있어."

왠지 나를 위해 좋은 방법을 골라준다는 느낌이다.

"사람들을 크게 4가지 유형으로 구분하는 방법이야. 업무를 처리할 때 일 중심이냐 사람 중심이냐, 속도가 빠른가 느린가에 따라서 사람들을 구분하는 방법이지."

내가 이해를 못하겠다는 표정을 짓자 형은 자신의 수첩을 꺼내 십자가 모양으로 선을 두 개 긋는다. 가로축 왼쪽에는 '일'이라고 적고, 오른쪽에는 '사람'이라고 적는다. 세로축 위에는 '빠름'이라고 적고 밑에는 '느림'이라고 적는다. 그러고는 왼쪽 위 1사분면부터 시계방향으로 D, I, S, C를 순서대로 적어 넣는다. 나는 몸을 앞으로 숙이며 좀 더 자세히 들여다본다.

"여기 D형은 '주도형'이야. 일 중심적이고 아주 빠르지. 대신 일에 몰두하다 보니 사람을 잃을 수가 있어. 오른쪽에 있는 I형은 '사교형'이야. 사람 좋아하고 센스가 뛰어나며 반응도 빨라. 대신 일은 좀 대충한다는 느낌이 있지. 이 아래에 있는 S형은 '안정형'이야. 사람들을 좋아하고, 일을 하는데 시간이 좀 걸려. 하지만 언제나 꾸준하지. 마지막 왼쪽 아래에 있는 이 유형은 '신중형'이야. 일 중심적이고 시간이 필요하지. 대신 엄청 꼼꼼해서 실수하는 법이 없어."

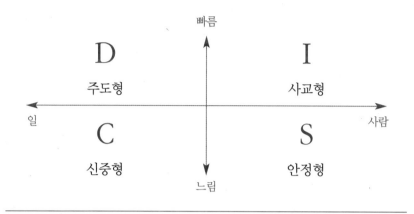

나는 자연스럽게 고개를 끄덕이게 된다.

"넌 어떤 유형인 것 같아?"

"나? 나는 좀 빠르고, 사람을 좋아하니까…. 여기 I형, 사교형이겠네."

"그래, 내가 봐도 넌 사교형 같아."

형의 말에 '요즘엔 사교도 잘 못하는데'라는 생각에 피식 웃음이 나온다.

"너의 팀원들은 어떤 유형인 것 같아?"

머릿속으로 한 명씩 따져보게 된다. 이 차장은 사람 좋아하지만 조금 느리니까 안정형인 것 같고, 강 차장은 시간은 걸리되 일 중심이니까 신중형, 김 대리와 박 대리는 나와 비슷한 사교형, 그리고 막내는 빠르고 일 중심이니 주도형 같다는 생각이 들었다.

"너는 신중형인 직원들과의 관계를 조심해야 해."

신중형이라면 강 차장인데….

"형, 어떻게 알았어?"

신기하다는 눈빛으로 쳐다보자 차분히 설명해준다.

"아무래도 좋아하는 일의 성향이나 일처리 시간이 상반되잖아. 네가 사교형이니까 주도형과는 빠르다는 부분이 비슷하고, 안정형과는 사람 좋아한다는 부분이 비슷한데, 신중형과는 통하는 점이 아무것도 없잖아. 그래서 이 D형과 S형, I형과 C형 간에는 갈등이 생길 여지가 많아."

아…, 그렇구나. 형의 논리적인 설명에 고개가 끄덕여진다.

"근데, 그러면 어떻게 해야 돼?"

"서로 상대방의 특성을 이해하면서 배려해야지. 원래 고수高手는 내 것을 고집하기보다 상대에 맞춰서 그의 능력을 끌어내는 사람이잖아."

고수라는 말에 난 아직 멀었다는 생각이 가슴에 와서 박힌다.

"좀 더 자세한 내용은 이메일로 보내줄게. 명함에 적힌 이메일 주소로 보내면 되지?"

"고마워요. 형."

뭔가 실제적인 사용지침서를 얻은 것 같아 기분이 한결 좋아진다.

"자, 이제 일어설까?"

벌써 1시 반이다.

"네, 형…."

서로 점심값을 내겠다고 실랑이하다 고마운 마음에 그리고 또 부탁할 일이 있을 것 같아 부득부득 우겨서 내가 계산을 했다.

"조만간 시간 내서 밥 한 번 더 먹자. 그땐 내가 사줄게."

좋은 이야기를 해주고서도 미안한 듯한 형이다. 역시 선배다.

"형, 오늘 정말 고마웠어요. 앞으로 종종 만나서 좀 가르쳐줘요."

"그래."

고마운 마음에 다시 한 번 악수를 하고 헤어진다. 점심도 맛있었고, 꼭
필요한 이야기까지 들으니 얼마나 든든한지 모르겠다. 뿌듯한 점심이다.

4.

첫 단추

만족스런 점심을 마치고 돌아와 자리에 앉는다. 형과 나눴던 이야기를 다이어리에 기억나는 대로 옮겨 적는다. 특히 개인과 개인의 관계가 모여서 팀이 된다는 점, 개인별 유형과 그에 대해 다르게 대해야 한다는 점, 배려라는 단어에는 밑줄까지 쳐놓았다. 팀원들 한 명, 한 명과 다시금 관계를 만들어야겠다는 마음이 든다.

누구부터 할까 생각하다가 끝자리에서 컴퓨터 작업을 하는 막내가 눈에 들어온다. 그동안 개인적으로 이야기를 나눈 지도 꽤 되었고, 혹시나 내가 잘 못하더라도 문제가 커질 것 같지는 않아 가장 먼저 막내를 선택했다.

"바쁘니? 커피 한잔할까?"

내 말에 바로 자리에서 일어선다. 같이 정수기 쪽으로 가려는데 막내가 말한다.

"부장님, 커피는 제가 타가지고 가겠습니다."

싹싹한 막내는 행동도 빠르고, 말하는 것도 예쁘다.

"그래, 그럼 회의실로 와."

눈길로 우리 사무실 옆 작은 회의실을 가리킨다.

"네."

약간은 군기가 들어가 있는 목소리로 대답한다.

회의실에 들어가 다이어리를 펴놓고 앉아 무슨 이야기를 할까 생각해본다. 생활태도는 좋은 것 같고, 업무를 잘할 때는 잘하지만, 그렇지 않은 경우도 종종 보인다. 현재는 다른 팀원을 보조하는 일을 하고 있지만, 이제는 스스로 자기 일을 해내야 할 때도 되었다.

"부장님, 여기 커피 가져왔습니다."

"응, 그래…. 고마워."

자리에 앉는 막내의 모습에 약간의 어색함과 긴장을 읽을 수 있다.

"요즘 회사생활 어때?"

"네, 열심히 하고 있습니다."

쑥스러운 듯 말끝을 흐린다.

"주호는 열심히 하는 게 보기 좋아."

"감사합니다."

얼굴에 미소가 보인다.

"그런데, 업무를 잘할 때와 그렇지 않을 때의 차이가 좀 있는 것 같아."

얼굴에 긴장이 감돈다.

"내가 오늘 이야기하려는 것은 잘못한 점이 아니라, 무언가 도움이 되는 말을 해주고 싶어서 그래."

"아, 네….”

다이어리를 펴고 뭔가 적으려는 태도다.

"주호를 보면 선배들한테도 참 잘하고, 빠릿빠릿하게 움직이는 게 좋은 점인 것 같아. 항상 막내로서 열심히 일하는 것도 고맙고…. 근데 가끔 서류작업에서는 실수가 있는 것 같아. 저번에는 우리 팀 비용처리 할 때 금액 합계가 안 맞은 적도 있었고, 오타가 나서 서류작업 다시 한 것도 몇 번 있었고….”

얼굴이 벌게진 주호가 변명을 한다.

"아, 그게…. 다른 분들에게는 안 그런데 유독 팀장님께만 그런 모습을 보여드렸던 것 같습니다. 사실은….”

속으로 요즘 애들은 자기주장을 참 잘한다는 생각이 든다. 예전에 나 같으면 그냥 죄송하다고 그랬을 텐데…. 순간 이 자리는 서로의 신뢰를 만드는 자리라는 점이 떠올랐다. 장원이 형이 말해준 배려. 내 시선에서 말하는 것이 아니라 서로 다름을 인정하라고 했던 말. 그 부분이 가장 중요하다는 생각이 들었다.

"음…, 팀장님께서 시키신 일이라 최대한 빨리 처리하려고 했는데, 제가 덤벙대서 그런 실수를 했습니다. 죄송합니다.”

아…, 그랬구나. 내가 시킨 일을 잘하려고 하다가 생긴 실수구나. 그 순간 고맙기도 하고 미안하기도 했다. 내가 잘 몰랐구나 하는 생각이 머리를 스친다.

"내가 주호의 진심을 이제 알게 됐네. 더 열심히 하려다 그랬다는 점, 충분히 그럴 수 있지. 하지만 앞으로 주호가 더 크게 성장하기 위해서는 조금

침착해질 필요가 있다고 생각해."

"네, 마음속에 새기겠습니다."

가슴속에서 올라온 말이라는 것이 느껴진다. 이런 것이 신뢰구나 싶다. 이후로 주호에게 기대하는 부분, 앞으로 팀에서 해주었으면 하는 역할에 대해 진심으로 이야기를 나누었다.

"오늘 주호와 이야기를 나누고 나니, 훨씬 가까워진 느낌인데?"

"저도 그렇습니다. 팀장님."

얼굴에서 미소가 환하게 피어난다.

대화를 마치고 일어서는 느낌이 이렇게 깔끔할 수 없다. 하나만은 분명 했다. 첫 단추는 잘 꿴 것 같다.

절반의 성공? 절반의 실패?

대화를 마치고 자리에 돌아와 앉았다. 뭔가 성공한 것 같은 뿌듯함이 느껴진다. '팀원들과 대화가 잘돼도 이렇게 기분이 좋을 수 있구나.' 하는 생각이 든다. 얼마 만에 느껴보는 기쁨인가? 팀원들의 성장을 도와주는 일이 결국은 우리 팀의 성과를 좋게 하는 일인데, 이렇게 기분까지 좋아지다니 앞으로 안 할 이유가 없다. 좀 더 개인의 특성에 맞춰 도와주는 마음으로 대화를 풀어나가리라.

"다녀왔습니다."

강 차장의 얼굴이 어두워 보인다.

머릿속에서 "못하면 잘라버려, 네가 못하겠으면 내가 해줘?" 하는 김 상무님의 목소리가 늘리는 듯하다. 현재 회사에서 바라보는 지신의 모습을 알고는 있는 것일까? 정말 성과가 안 나와서 안 좋은 일이 생기게 되면, 거기에는 내 책임도 분명히 있다. 지금이 말할 기회인 것 같다.

"강 차장, 잠깐 이야기 좀 할까?"

조금은 힘없는 목소리로 대답한다.

"예."

회의실로 걸어가는 짧은 시간 동안 많은 생각이 든다. 김 상무님 이야기를 할까 말까? 아무래도 그건 아닌 듯싶다. 오늘은 현재 진행상황에 대해서만 이야기를 하자. 사실은 올해 9월 구조조정 이후에 우리 팀에 온 강 차장에 대해서는 내가 어느 정도 그냥 놔둔 부분이 있었다. 기존의 팀에서 하던 업무가 덜 마무리된 부분도 있었고, 우리 팀에 적응하는 데 시간도 필요할 것 같았다. 또한 직급이 차장 정도면 알아서 해야 된다는 생각도 있었다.

"요즘 일하는 것 어때?"

"그렇죠, 뭐…."

말꼬리가 흐릿하다. 변명인지 미안함인지 모르겠다.

"진행되는 일들에는 뭐가 있나?"

"주간회의 때 말씀드린 내용 그대롭니다."

막혀 있다. 이야기가 통하는 것이 아니라, 벽에 대고 말하는 느낌이다. 순간 욱하고 올라온다.

"누가 몰라서 물어봐?"

얼굴이 달아오른다. 갑자기 숙여지는 강 차장의 얼굴을 보니 이 말은 잘

못 꺼냈다 싶지만 그냥 접을 수도 없다.

"정확한 내용을 알고 싶어서 그러잖아. 내가 뭐하러 물어보겠어? 강 차장 진행사항을 알고 도와주려고 그러는 거 아니야. 강 차장, 우리 팀에 온지 이제 세 달 돼가지? 그동안 내가 강 차장한테 뭐라 그런 적 있나? 기존에 내가 아는 강 차장의 모습도 있고, 팀 정리되고 우리 팀에 와서 마음 정리할 시간도 필요할 거라 생각했고, 그래서 기다렸는데, 이게 뭐야?

내가 기대한 것만큼 강 차장이 역할을 못하고 있어. 차장쯤 되었으면 내 입장도 생각해봐야 할 것 아냐? 요즘 일하는 모습을 보면 예전에 다른 팀이었을 때보다 오히려 우리 팀에 더 못 어울리는 것 같아. 안 그래?"

속에 있던 생각이 한달음에 터져 나왔다. 이러려고 한 것은 아닌데, 그렇게 되고 말았다. 순간 후회가 밀려온다. 내가 많이 모자라다는 생각이 든다. 그래도 마음속에 품고 있던 생각들을 내뱉고 나니 마음은 한층 가벼워진다. 대신 미안한 마음도 든다.

"내가 이러는 건 다 강 차장을 위해서야. 강 차장이 우리 팀에 온다고 해서 내가 얼마나 기대했는 줄 알아? 예전에 우리 관계도 좋았잖아. 난 강 차장을 도와주고 싶어서 그래. 회사생활 오래 했으니까 잘 알 것 아니야."

"네, 잘 압니다."

겨우 한마디 대답이 나온다.

팀이 바뀌면 얼마나 힘든지, 나의 경험을 이야기해준다. 내가 얼마나 여러 번 팀을 옮겼는지, 그러면서 얼마나 열심히 노력해서 이 자리에 왔는지. 하지만 중요한 것은 본인이 최선을 다해 성과를 내야 한다는 것, 그게 결국 **40 · 41**

은 자신에게도 가장 좋고, 팀에도 회사에도 도움이 되는 일이라 말해준다. 말하다보니 일장연설이 되었다.

"팀장님께서 말씀해주신 것 잘 압니다. 맞는 말씀이구요. 하지만 저도 회사생활 10년 이상 하면서 제 처지가 어떤지 잘 압니다. 솔직히 제가 있던 팀이 없어지면서 제 고객도 많이 떨어져나갔고, 남아 있는 고객사들도 그저 그런 데들만 몇 곳 있지 않습니까? 솔직히 올해 여기서 나올 만한 실적도 뻔하고요. 다 나온다고 해도 금년에 목표 달성하기 어려운 것이 사실입니다. 평가도 잘 받아봐야 B? 아니, 잘 받아야 C겠죠. 그럴 바에는 올해는 고객사 관리만 잘하고 내년 상반기에 매출 끌어올려서 내년에 A를 받는 게 낫지 않을까요?"

내가 생각하지 못했던 부분을 이야기한다. 틀린 말은 아니다. 꼼꼼하기도 하지만 영악하게도 느껴진다. 강 차장이 자기 평가관리를 그렇게 하겠다는데, 어떻게 하겠는가? 하지만, 지금 윗선에서 내리고 있는 평가를 알까? 다른 회사를 알아보면서 그렇게 변명하는 것은 아닐까? 찜찜한 기분이 가시질 않는다.

"내년에 그렇게 성과를 내려고 해도, 지금 열심히 하지 않으면 잘 나오지 않아."

왠지 대충 합의를 보고 끝내는 느낌이다.

"네, 무슨 말씀인지 알겠습니다. 좀 더 열심히 하겠습니다."

의례적인 마무리 대화가 오고 갔다.

"그래, 좀 더 열심히 해보자."라며 자리에서 일어선다.

뭔가 잘해보려고 했는데 결과는 그렇지 못하다. 막내와 무엇이 달랐던 것일까? 아무래도 강 차장이 나와 상반된 신중형이라 그럴까? 내가 배려를 덜해서 그런 것일까? 아무튼 내가 중간에 욱했던 것은 잘못했던 것 같다. 하지만 하고 싶은 이야기를 하고 나니 그래도 그전보다는 좀 더 가까워진 것 같기는 하다.

절반의 성공? 절반의 실패? 마음이 조금 불편하다.

도움이 필요해

어제 밤새 고민을 했지만 잘 모르겠다. 강 차장을 어떻게 해야 할까? 그냥 놔둬버릴까 싶다가도 그건 아닌 것 같다. 그렇다고 딱히 방법도 모르겠다. 장원이 형에게 다시 자문을 구할까 고민이 된다. 바쁜 사람인데···. 그래도 이것을 계기로 또 연락하고 지내는 것도 좋을 것 같아 전화를 든다.

"형, 바빠요?"

"아니, 괜찮아. 이야기해도 돼."

형의 이 부드러운 목소리는 참 세련되게 느껴진다.

"형이 어제 가르쳐준 대로 해봤는데, 반은 성공이고 반은 실패네."

"무슨 이야기야?"

"응, 잘된 점도 있는데, 또 잘 안 된 것도 있고 좀 그래. 막내와는 결과가 좋았는데, 강 차장과는 조금 그랬어."

구구절절 전화로 설명하자니 답답하다는 느낌이 든다.

"형, 혹시 오늘 저녁에 시간 돼?"

"오늘 저녁? 잠시만…. 이번 주 저녁은 어렵겠는데…."

다음 주로 미루자니 너무 오래 기다린다는 생각이 든다.

"형, 나 피하는 건 아니지?"

슬쩍 농을 쳐본다.

"하하하, 내가 널 왜 피하니?"

잠시 고민하는 듯하더니 나에게 물어본다.

"너 혹시 운동하니?"

"아니, 난 접대골프 외엔 숨쉬기 운동밖에 안 해."

"그럼, 나랑 아침에 운동할래?"

"아침 운동?"

"어, 나는 우리 회사 밑에서 출근 전에 운동하는데, 너도 같이 하면 어때? 우리 점심 먹은 데 맞은편 건물 있잖아. 거기 지하에 있는 헬스클럽 다니거든. 너도 같이 다니자."

잠시 망설여진다.

"우리 나이엔 체력이 받쳐줘야 일도 제대로 하는 거야."

맞는 말이다. 그렇지 않아도 얼마 전부터 조금만 과로해도 금방 피곤해지고, 가끔씩 심장이 벌렁거리기도 해 조금 걱정이 되긴 했다.

"운동을 하긴 하려고 했는데…."

"나랑 매일 아침 운동하면서 궁금한 것 물어보면 되잖아."

결정적 한방이다. 그래, 이거다 싶다. 이번 기회에 좀 잘해보려고 하는데 아무래도 형의 도움 없이는 어려울 것 같다. 그렇다면 매일 만날 수 있는 기회를 만드는 것이 나에게 더 유리할 것이다.

"형, 새벽에 나가는 거 어렵지 않아?"

"전날 저녁에 술만 무리해서 마시지 않으면 돼. 일찍 일어나는 거 아주 간단해. 일찍 자면 돼."

"큭큭, 당연한 이야기를 하고 있어. 일찍 자는 게 잘 안 돼서 그렇지."

"나랑 같이 한 달만 운동해보자. 건강하게 사는 것도 얼마나 즐겁고 재미있는 건지 알려줄게."

왠지 신세계가 열리는 느낌이다. 언제나 건강하고 보기 좋았던 형의 모습도 알고, 나의 문제나 궁금증도 해결하고.

"내일 몇 시에 가면 돼?"

"출근 시간에 맞게 오면 돼, 난 보통 6시쯤에 나가서 7시 반까지 운동하고 씻으니까, 너 편한 시간에 와."

"우리 회사는 8시 반 출근이니까. 나는 6시나 6시 반쯤 가서 1시간 운동하고 씻고 오면 되겠다."

엉겁결에 운동을 하기로 했지만 또한 기대도 된다.

"형 덕분에 운동도 하고, 앞으로 내가 많이 좋아질 것 같아."

"그래, 나도 네 얼굴 봐서 좋고, 운동도 재밌어질 것 같다."

밝은 목소리라 기분이 좋다.

"그럼, 내일 아침에 봐요, 형."

"그래, 내일 보자."

전화를 끊고 나니 여운이 감돈다. 제대로 시작하는 느낌.

점심 먹고 나서 헬스클럽 가서 등록하고 와야겠다.

능력을 이끌어내는 것이 장수의 몫

다음 날 새벽, 헬스클럽 안내데스크에 회원카드를 맡기고 사물함 키와 운동복을 건네받는다. 옷을 갈아입고 체육관을 들어서는데 아무래도 반팔과 반바지라 그런지 약간 으슬으슬하다. 형이 어디에 있나 살펴보면서 들어간다. 아령과 바벨이 있는 곳을 지나 안쪽으로 들어간다. 사이클에는 없고, 러닝머신을 살펴보는데 눈에 익은 뒷모습이 보인다. 운동복 뒤에 땀이 배어 있는 걸로 봐서는 운동을 시작한 시간이 조금 지난 듯하다.

옆의 러닝머신에 올라가며 부른다.

"형!"

"왔어?"

반갑게 반긴다. 리모컨을 들어 러닝머신 앞 TV를 끈다. 나도 러닝머신의 스타트 버튼을 눌러 슬슬 걷기 시작한다.

"아침에 나오니 좋네. 온 지는 오래됐어?"

"한 20분?"

속도를 조금 줄이며 목에 묶고 있던 수건을 풀어 땀을 닦는다. 나는 속도를 올려 조금 빠르게 걸으며 속도를 맞춘다.

"너도 아침마다 나와서 운동해봐, 좋아!"

"형 덕분에 운동을 다 하게 되고 고마워."

진심이다.

"그래, 나도 도와줄 수 있는 건 도와줄게. 전화 받고 네가 팀을 열심히 이끌어보겠다는 마음이 느껴져서 나도 도와주고 싶더라."

"열심히는 뭐…, 내 일이니까 그렇지. 팀장이 된 지도 벌써 몇 년이 지났 **46·47**

는데, 아직도 모르는 게 너무 많아."

"당연한 거야. 보통 팀장은 일 잘하는 사람이 되잖아. 누군가 리드하는 걸 배워본 적이 없으니 어려운 게 당연하지. 그래도 너처럼 계속 배우려고 하는 친구들이 성장하더라. 난 네가 그런 모습을 보이는 것 같아 기분 좋고, 뿌듯하다."

형의 말에 힘을 받아 어제 있었던 일들을 줄줄이 풀어 놓는다. 걸으면서 이야기를 하니 땀이 난다.

"아무튼 강 차장이 문제야."

한참을 듣던 형이 잠시 고민하는 듯하다.

"강 차장이라는 친구가 밉니?"

이게 무슨 말인가 싶다.

"밉다기보다 나랑 잘 안 맞는 것 같아서…."

말하다 보니, 미움이라는 감정도 조금 있었던 것 같다.

"관계는 어때?"

"그냥 데면데면하지 뭐. 업무 이야기만 전달하고 끝? 아무튼 그래."

"성과가 지속적으로 나오려면, 사람과의 관계가 먼저 형성되어 있어야 해. 업무란 게 커뮤니케이션으로 진행되는 건데, 관계라는 통로가 잘 이어져 있지 않으면, 아무래도 정보와 감정이 제대로 오갈 수 없으니 뜻이 잘 전달될 수가 없지."

걸으면서도 나를 쳐다보며 말한다.

"나도 아는데, 그놈하고는 요즘 좀 그래, 어제 매출 이야기를 듣고 나니 강 차장에 대한 마음이 더 식는 거 같고."

둘이 말없이 걷는다.

"리더란 결과를 내는 사람이잖아. 결국 너는 너희 회사의 장수란 말이야. 전쟁에서 장수가 마음 맞는 애들만 데리고 싸워서는 승리할 수 없어. 마음에 안 드는 병사까지도 미친 듯이 싸우도록 만드는 것이 장수의 몫이고, 능력인 거지."

장수라는 표현이 내가 회사에서 어떻게 해야 하는지를 명확하게 알려주는 것 같다. 마음에 안 맞아도 그들의 능력을 끌어내야 하는 것이 나의 몫인 것이다.

"그럼, 어떻게 해야 돼?"

"아주 기초적인 것부터 시작해야지. 그 사람의 마음을 알아주는 것. 소통이란 양도 중요하지만, 결국 그 사람이 말하고자 하는 걸 알아주는 것이 가장 중요해."

수긍이 간다.

"가서 눈을 맞추고 이야기를 들어봐. 네가 말하려고 하지 말고, 상대방이 무슨 말을 하려는지 먼저 들어봐."

무슨 말인지 알 것 같다. 내가 한마디 거든다.

"경청하라는 이야기지? 나도 회사에서 영업할 때 강조하는 말이야."

형이 나를 노려보면서 이야기한다.

"경청을 안다는 놈이 사람 말을 이렇게 끊어?"

내가 입을 쌜룩 내밀자 슬쩍 웃으며 이야기한다.

"말 끊지 말고 먼저 들어봐. 리더들이 저지르는 가장 흔한 실수가, 자기 말만 하고 듣지 않는다는 거야. 난 네가 어떻게 듣는지 방법을 몰라서 그런다고 생각하지 않아. 대신 온 신경을 모아 집중하고 들어봐. 너의 귀에, 눈에, 머리에, 가슴에 달린 스위치를 다 올리고 들어보란 말이야."

나의 부족한 점을 형이 정확하게 집어낸 것 같다.

"내가 주는 숙제! 강 차장 마음속의 이야기를 듣고 올 것. 오케이?"

"오케이!"

웃음이 난다. 오늘 들어야 하는 이야기를 다 들은 것 같아 마음이 편하다. 러닝머신의 속도를 높여본다. 간만에 머리가 울릴 정도로 쿵쿵거리며 달려본다. 가슴이 울려온다. 숨이 차온다. 그래, 앞으로 힘들겠지만 이렇게 달려보자. 있는 힘껏 뛰어본다.

6

경청이 준 깨달음

　사무실에 올라오는데 느낌이 무척 상쾌하다. 몸도 개운하고 생각도 명확하다. 일을 잘하려면 몸이 건강해야 한다는 말이 무슨 뜻인지 알겠다.

　외투를 옷걸이에 걸어놓고 자리에 와 앉는다. 헬스장에서 생각했던 '오늘 할 일'을 다이어리에 옮겨 적고, 마지막에 '온 신경을 집중해서 듣기!' 라고 적고 밑줄까지 긋는다.

　머그컵을 들고 자리로 돌아오던 박 대리와 눈이 마주친다.

　"팀장님도 차 한잔 드릴까요?"

　기분 좋은 제안이다.

　"좋지, 같이 차 한잔하자."

　대답을 하고는 의자에서 일어나 박 대리를 따라간다. 왠지 오늘은 커피보다 차가 좋을 듯하다. 박 대리가 건네주는 차를 받고 휴게실에 가서 앉는다.

　"팀장님, 오늘 좋아 보이시는데요."

박 대리가 웃으며 말한다.

"어, 운동 시작했어. 개운하고 좋아. 박 대리에게도 강추야."

시작한 지 얼마나 되었다고 운동전도사처럼 이야기한다.

"요즘 일하는 건 어때?"

이렇게 말하고는 오늘 아침에 들은 대로 경청의 스위치를 올린다.

"이번 달 매출은 괜찮을 것 같아요"

그 이유가 무엇인지 고객사의 상황을 하나씩 이야기한다. 내가 눈을 맞추며 경청하는 모습을 보이니 이야기를 계속한다. 이렇게 들으니 놓치는 부분 없이 상대방의 정보와 감정까지 다 흡수하는 것 같다.

"이번 달뿐만 아니라 내년 상반기까지 문제없겠는걸."

떠오르는 느낌을 말해준다. 이 말이 가장 적절한 표현이라는 생각이 든다. 서로 웃으며 이야기를 마무리하고 자리로 돌아온다. 집중해서 듣는다는 것이 어떤 의미인지 조금은 알 것 같다.

오전은 늘 회의의 연속이다. 한두 군데 불려갔다 오면 오전시간이 훌쩍 지나간다. 다른 팀과 회의를 함께했던 이 차장과 단둘이 식사를 하러 갔다. 회사 앞 음식점에 가서 돈가스나베를 시키고 자리에 앉았다.

"이 차장하고 단둘이는 오랜만이네."

"그렇네요. 저 작년에 재입사할 때 그때 따로 저녁 한 번 먹고, 거의 1년 만인데요."

"남자끼리 단둘이 밥 먹을 일이 없잖아…."

말은 이렇게 하지만 왠지 '그동안 신경 쓰지 못했구나.'라는 마음이 드는 건 어쩔 수 없다.

"나가서 했던 일은 어땠어?"

벌써 꽤 지난 이야기다. 아내가 하는 인터넷 쇼핑몰 사업을 돕겠다고 회
사를 나갔던 이 차장, 결과가 좋지 않았으니 복귀했겠지만 어땠는지는 궁
금했다.

"자영업이 쉽지가 않아요. 요즘은 경쟁이 워낙 치열해 홍보하는 것도 어
렵고, 제대로 뭔가 하려면 광고비도 많이 들어가고, 재고관리도 만만치 않
아요. 매일 물량이 빠지니까 돈을 버는 것 같지만 상품이란 게 하나만 만들
수 없잖아요. 구색 맞추기라는 것도 해야 하고, 그러면 안 팔리는 게 생기
고…. 그런 게 쌓이다 보면 앞으로 벌고 뒤로 까져서, 남는 게 없어요."

"그렇구나…."

집중해서 들으니 상대방의 이야기가 재미있게 들린다. 밥이 나오고도 계
속해서 이 차장의 이야기를 듣는다. 나가서 실패했던 이야기로 시작했던
게 군대 이야기, 가족 이야기까지 넘나든다. 식사를 마치고 한참이 지나서
야 마무리된다.

"오늘 이야기 재미있게 잘 들었어."

정말 많이 친해졌다는 느낌이 들었다.

"에이, 팀장님. 이거 몇 번 말씀 드렸잖아요."

웃으며 대답한다.

'몇 번을 들었다고? 난 처음 듣는 것 같은데?'

순간 '아…, 내가 그동안 제대로 듣지 않았구나. 그러니 상대방이 말하는
내용 중에 많은 것을 놓치고 있었구나.' 하는 생각이 든다. 제대로 들었다 **52·53**

면 그전에 더 가까워질 수 있었을 텐데 하는 아쉬움.

사무실로 들어와 양치를 하고, 바로 우리 팀의 내년 사업계획과 관련된 회의에 참석한다. 아침에 박 대리와 이야기도 잘됐고, 이 차장과의 점심식사도 의미가 있었기에 내심 이번 회의는 잘될 것 같은 기대가 된다. 이번 회의도 집중해서 잘 들어주리라.

이 차장 라인부터 내년 사업계획에 대한 발표를 한다. 회의자료에 있던 내용을 공유하고는, 강 차장 라인 발표로 이어진다. 내용을 꼼꼼히 들어보니 기존에 해왔던 업무들의 취합이다. 이것만으로는 내년 목표달성이 어려울 것 같다. 뭔가 새로운 접근이 필요하다.

"잘 들었어. 그런데, 이것만으로는 어려울 것 같아. 좀 더 나은 매출을 만들어낼 수 있는 새로운 아이디어는 없을까?"

기대를 가지고 팀원들에게 물어본다.

조용하다.

누구를 시킬까 쳐다보니 다들 시선을 피한다. 오늘 회의는 잘될 것 같았는데 예상과 다르다. 이 차장에게 물어보니 준비한 내용의 답습이다. 김 대리는 다른 아이디어는 없다고 우물적거린다.

박 대리는 대답을 하긴 하는데 내가 원하는 수준은 아니다. 뭔가 좀 더 꺼내고 싶은데 어떻게 해야 할지 모르겠다. 잘 듣는 건 상대방이 내주는 것을 놓치지 않고 받아내는 것이라면, 나오지 않는 생각이나 아이디어까지 끌어내는 방법을 알아야겠다. 다이어리에 '상대방의 생각을 끌어내는 방법'이라고 적어놓는다. 아쉽지만 오늘 회의는 이 정도에서 마무리 해야겠다.

잘되는 회사 vs. 안 되는 회사

다음 날, 조금 늦게 헬스클럽에 도착했다. 옷을 갈아입다 운동을 마치고 나오는 형을 만났다.

"좀 늦었네?"

왜 늦었냐는 이야기다.

"어, 조금 늦게 일어났어. 형, 사우나 했어?"

같이 이야기를 나누고 싶다.

"안 했어. 같이 사우나 할까?"

형은 입고 있던 운동복을 벗어 수거용 바구니에 집어넣고, 사우나로 들어간다. 나도 입던 운동복을 다시 벗어 옷장에 집어넣고 수건 하나 들고 따라 들어간다.

어두컴컴한 사우나 창틀에 놓여 있는 모래시계를 돌려놓고, 자리에 가서 나란히 앉는다. 분홍색 모래가 줄줄 내려오는 것이 보인다.

"하고 싶은 말이 있는 것 같은데?"

형이 내 마음을 읽는다.

"어제 형 말대로 듣는 건 잘했어. 효과도 좋았고. 형이 무슨 뜻으로 경청하라고 했는지도 알 것 같고."

오른쪽으로 고개를 돌려 이야기한다.

"그런데, 그것만으로는 한계가 있는 것 같아. 어제 팀원들 이야기를 잘 듣고 회의에 들어갔는데, 팀원들이 말을 안 해. 말을 해야 의견도 나누고 그럴 텐데…."

형이 고개를 끄덕거린다.

"난 그런 경우를 자주 봐. 나는 보통 두 종류의 회사에 가게 되는데, 한 군데는 돈을 아주 많이 벌어서 교육에 투자하는 회사지. 업계에서 1등을 하거나 1등이 되고자 하는 회사야. 다른 종류의 회사는 문제가 많은 회사야. 회사에 뭔가 문제가 있는데 자체적으로는 해결이 안 되니까 나 같은 사람 불러서 해결을 하려고 하는 거지."

형의 눈이 반짝인다.

"안 되는 회사에 들어가면 인터뷰도 하고 회의도 참석해서 그들을 살펴보게 되는데, 특징이 회의 때 굉장히 조용하다는 거야. 팀원들은 팀장이 말하면 뭔가 열심히 적어. 그래서 뭘 적나 하고 보면 보통 별을 그려."

"큭큭, 별?"

"응, 별도 그리고, 네모도 그리고, 세모도 그리고."

"흐흐, 이거 우리 회사 이야기 같은데…."

완전히 공감이 된다.

"팀장이 아무리 이야기를 나누려고 해도 팀원들이 조용하니까 결국은 팀장이 일을 나눠주게 돼. 그럼 팀원들은 기존에 하던 일도 많은데 원치 않은 일을 더 맡으니까 불만이 많아. 그러니 일을 열심히 안 하지. 게다가 자기 일이 완성도가 높지 않으니까 다른 사람들이 관심을 갖는 걸 좋아하지 않고, 일에 대한 커뮤니케이션이 많지 않으니까 뭔가 일을 하는 것 같긴 한데, 아귀가 안 맞으니까 일의 효율이 안 나. 결국은 성과가 안 나오게 되지. 그러면 최고경영자는 화를 내. 그럼 신뢰는 더 떨어지고 회의실은 더 싸해지지. 이런 악순환의 연속이야."

왠지 내 상황을 들킨 느낌이다.

"잘되는 회사는 적어도 의견을 제시했다가 '말한 네가 진행해.'라든가, '뭣도 모르면서 그런 소리를 해.'라고 비판 받을 걱정은 안 해. 적어도 말하는 것에 대한 두려움은 굉장히 적지."

집중해서 듣게 된다.

"그 정도의 신뢰는 있는 거야. 회의 시간에 웃음이 넘치는 경우도 많아. 웃고 떠들지. 그러다 보면 이야기를 많이 하는 사람이 나와. 이야기를 많이 한다는 건 아이디어가 많다는 뜻이고, 말을 하다보면 저절로 정리가 되면서 무엇을 해야 할지 알게 돼. 그럼, 그 직원이 그 일의 주인이 되는 거야. 자기 일이라고 생각하니까 어떻게 되겠어? 잘하려고 하고, 헌신하게 되지."

맞는 말이다.

"그러다 보면 일이 점점 커져. 그럼, 혼자 할 수 없으니까 주변 사람들에게 도와달라고 부탁을 하게 되고, 본인이 도움을 받으니까 타인도 도와주게 돼. 그러면 함께하는 일이 많으니까 커뮤니케이션도 많이 하게 되고, 그러다 보면 공동의 목표를 향해 일할 때 쓸데없는 일은 안하고 나아가게 되는 거야. 결국 성과가 잘 나오게 되고, 최고경영자는 좋아하게 되지."

고개가 끄덕여진다.

"결과가 잘 나오니까 칭찬하게 되고 성과를 나누게 되지. 그럼 신뢰가 더 좋아져. 잘되는 회사는 이런 선순환 구조를 갖게 돼. 이래서 신뢰가 중요한 거야. 모든 것의 기반이 되니까."

"아, 그렇구나. 그래서 신뢰가 중요한 거구나. 그런데 이거 딱 우리 회사 이야기야. 안 되는 회사 얘기."

피식 웃음이 나온다. 무엇보다 김 상무님이 떠오른다. 우리 영업팀장 회의가 전형적으로 안 좋은 사례가 될 것 같다.

"뭔가 좀 하려고 해도 김 상무 때문에 안 돼. 내가 김 상무에 대해서 이야기했나?"

한참을 김 상무님 욕을 한다. 사우나가 뜨거운지 내 몸이 뜨거워졌는지 땀이 온몸에서 줄줄 흐른다.

"그러니까 네 이야기는 김 상무 때문에 네가 할 수 있는 부분이 전혀 없다는 거니?"

형이 진지한 표정으로 물어본다. 형의 얼굴에도 땀이 송글송글 맺혔다.

"그렇다니까, 김 상무가 시키는 거 뒤치다꺼리하다 보면 내가 할 수 있는 게 없어."

그동안 쌓아왔던 불만을 형에게 쏟아놓고 있다는 느낌이다.

"그 부분이라면 내가 너에게 해줄 말이 있어."

"뭐?"

"그건 나가서 이야기하자."

모래시계의 분홍색 모래가 이미 아래쪽에 다 내려와 쌓여 있다. 무슨 이야기일까? 아마도 나가서 이야기하자는 걸 보니 조금은 긴 이야기인가 보다.

7

팀의 분위기

샤워기로 온몸에 흐른 땀을 씻는다. 라커룸으로 나와 수건으로 물기를 닦아내고, 정수기 앞으로 가서 작은 종이컵으로 시원한 물을 연거푸 마신다. 머리의 물기를 털어내고 거울 앞 평상에 가서 앉는다.

"해줄 말이라는 게 뭐야?"

형을 쳐다보며 물어본다. 수건으로 물기를 닦아내던 형이 내 옆으로 걸어오며 말을 해준다.

"너 분위기와 문화에 대해서 들어본 적 있어?"

"아니, 분위기는 들어봤지만, 문화와 함께 들어본 적은 없는 것 같아."

"회사마다 조직문화라는 게 있잖아. 우리 회사는 군대식이야, 우리 회사는 좀 자유로워, 우리 회사는 공무원 조직 같아 하는 식으로…."

"그렇지."

"이런 조직문화는 오랜 시간에 걸쳐 만들어지고, 바뀌는 데도 오랜 시간이 걸려. 마치 기후처럼…. 우리나라도 온대 기후에 속하지만 요즘 아열대 기후처럼 조금씩 더 더워지고, 비가 와도 스콜처럼 한 번에 확 내리고 그러잖아. 하지만 완전히 바뀌기까지는 아주 오랜 시간이 걸리지."

고개가 끄덕여진다.

"그런데, 팀의 분위기는 날씨와 같아. 금방금방 변해. 어제는 비가 내렸다가 오늘은 활짝 개기도 하고, 그러다 내일은 흐리고, 그다음 날은 우박이 내릴 수도 있고…."

"팀의 분위기가 쉽게 변한다는 건 알겠어. 근데 이게 무슨 상관이야?"

형은 중요한 걸 짚었다는 듯 눈에 힘을 준다.

"팀의 분위기가 왜 중요하냐면 팀의 성과에 아주 큰 영향을 미치기 때문이야. 재무적 성과의 약 30%가 팀의 분위기에 따라 좌우될 정도로…."

"우리 팀 분위기는 좋은데?"

왜 성과가 안 나오느냐는 뜻이다.

"여기서 말하는 분위기는 그냥 편하고 눈치 안 봐도 된다는 뜻이 아니라, 마치 스포츠 경기의 우승 팀처럼 으쌰으쌰 하는 분위기, 한번 해보자 하는 분위기, 그런 것을 의미하는 거야. 예를 들어 배구경기를 보면, 한 선수가 점수를 내면 다 같이 코트를 뛰어다니잖아. 야구팀에서도 더그아웃의 분위기를 좋게 하려고 파이팅 넘치는 선수들을 데려오고."

"아…."

"내가 지난번에 '상황적 리더십'에 대해 이야기했던 것 기억나?"

"응, 기억나. 리더십에도 여러 유형이 있어서 상황에 맞게 써야 한다고 했던 거."

"맞아, 거기서 명령형이나 실무형은 꼭 필요할 때만 써야 한다고 했던 이유도 분위기 때문이야. 명령형과 실무형을 오래 쓰면 분위기에 부정적인 영향을 끼쳐서 성과를 떨어뜨리게 되거든. 그래서 꼭 필요할 때만 적절히 써야 한다고 했던 거야."

"아, 이게 또 그렇게 연결이 되는구나."

단편적으로 들었던 내용이 연결되어 흐름이 생기는 느낌이다.

"그럼, 분위기에 가장 큰 영향을 끼치는 건 뭘까?"

"분위기에 가장 큰 영향을 미치는 것이라…. 뭐가 있을까? 사장님의 심기? 외부 환경?"

"네가 말한 것을 포함해서 분위기에는 여러 요인들이 작용해. 하지만 그 중에 가장 중요한 요인은 직속상관이야. 팀장이 어떻게 하느냐에 따라 그 팀의 분위기가 좌우되는 거야."

형의 목소리가 커진다.

"이게 왜 중요하냐면, 조직의 문화가 아무리 좋아도 팀장이 잘못하면 팀의 분위기는 안 좋아질 수 있어. 반대로 조직의 문화가 아무리 나빠도 팀장이 잘하면 팀의 분위기는 좋아지고, 성과를 낼 수 있다는 이야기지."

"그러니까, 나의 윗사람과 상관없이 내가 어떻게 하느냐에 따라 우리 팀의 분위기는 좋아질 수 있고, 성과를 낼 수도 있다는 말이지?"

형이 고개를 끄덕인다.

"그런데, 나의 상사인 김 상무에 따라 우리 팀장들의 분위기도 확 나빠지는데…. 이건 어떻게 해석하지?"

"그래서 조직에 대한 책임은 리더가 지게 되는 거야. 하지만, 중요한 건 **60·61**

나의 상황과 상관없이 내가 어떻게 하느냐에 따라 우리 팀의 성과를 바꿀 수 있다는 거지. 이순신 장군을 생각해봐. 윗사람이 그렇게 못살게 굴었지만, 자신이 의지를 가지고 운영을 잘해서 좋은 결과를 얻었잖아."

"내가 그런 위대한 분과 똑같을 순 없잖아."

"회사생활하면서 항상 좋은 분만 모시고, 좋은 상황에서만 일할 순 없어. 중요한 건 어떤 상황이든 너에게 유리한 쪽으로 만드는 거야. 어렵더라도 배울 수 있는 건 배우고, 해볼 수 있는 건 해봐야지. 어차피 모든 사람이 리더가 되는 건 아니야. 힘들어도 도전하고 그것을 자신의 것으로 만드는 사람이 리더로 성장하는 거지."

맞는 말이다. 지금 이 상황은 도망가고 싶어도 혹은 도망가더라도 이런 어려움이 사라지는 것은 아니다.

"어때, 도전해볼 거야?"

쉽게 대답이 안 나온다. 형은 계속 나를 쳐다보며 대답을 기다린다.

작은 목소리로 짧게 대답한다.

"어…. 한번 도전해볼게."

대답을 하고 나니 가슴 속에 뭔가 끓어오르는 느낌이다.

그래, 제대로 한번 해보자!

운동도 하지 않고 샤워만 하고 나왔다. 무언가 끓어오르는 듯한 느낌, 가슴속의 뜨거움을 놓치고 싶지 않았다. 사무실로 천천히 걸어오면서 머릿속으로 정리를 해본다. 관계, 경청, 신뢰, 분위기의 중요성, 성과…. 오랜만에 의욕이 마구 솟아오른다. 미친 듯이 일을 해보고 싶다. 이번 기회를 통해 성장하고 싶다. 제대로 해보고 싶다는 마음이 든다. 추위 때문인지 설렘 때문인지 몸이 더 떨린다. 환하게 불 켜진 회사 로비로 들어서자 따뜻한 바람이 나를 맞아준다.

엘리베이터를 기다린다.

"안녕하세요?"

인사팀의 김 대리다.

"어, 안녕. 일찍 출근하네."

"네, 전 집이 멀어서 조금 일찍 나와요."

겸손한 김 대리. 항상 예의 바르고, 일도 열심히 한다.

같이 엘리베이터를 기다리며 소소한 이야기를 나눈다. 운동하라는 조언도 해주고, 요즘 장원이 형을 만나서 배운 것에 대해서도 이야기를 해준다. 사실 머릿속으로 한 번 더 정리하려는 의미도 있다. 엘리베이터 문이 열려 함께 탄다.

"이 부장님, 대단하신데요. 완전히 전문가세요."

"아니야, 사실은 선배가 비즈니스 코칭을 하거든. 그 형한테서 들은 이야기야."

"아, 그러세요? 요즘 저희팀에서 코칭회사를 찾고 있는데, 그 회사 괜찮으면 추천해주세요."

반가운 소리다. 그렇지 않아도 장원이 형에게 물어볼 때마다, 너무 귀찮게 하는 것 같아 미안했는데 우리 회사랑 잘 연결되면 나도 면이 설 것 같다.

"내가 듣기로는 그 회사가 업계에서 꽤 유명하다고 하더라고. 그런데 코칭회사는 왜 찾는 거야?"

"부장님들 리더십 교육이랑 팀별 워크숍 할 때 전문코치들 불러서 진행하려구요."

"근데 왜 팀별 워크숍을 전문코치에게 맡겨?"

"아무래도 팀원들끼리만 진행하다 보니까 외부에 나가서 워크숍을 해도 별로 특별한 아이디어가 나오지도 않고, 다들 술만 마시고 오더라고요. 그래서 전문가에게 진행을 맡기면 뭔가 배울 것도 있고, 결과도 잘 나올 것 같아서요. 얼마 전에 인사·교육 관련 모임에 나가니까 요즘에는 그렇게 많이 한다고 하더라고요."

'띵' 하는 소리와 함께 엘리베이터가 열린다. 11층이다. 연락 주겠다고 말하고 내린다.

자리에 와서 형에게 바로 전화를 건다.

"어, 왜?"

"방금 전에 우리 회사 인사팀 직원을 만났는데, 코칭회사를 찾더라고…. 그래서 내가 형네 회사를 추천했어."

"그래? 고마워. 근데 무슨 일이야?"

"우리 회사 부장들 교육하고 팀별 워크숍 진행. 자세한 건 정확히 모르겠고. 아무튼 이런 일 해볼 의향 있어?"

"그게 우리가 주로 하는 일이야. 조건만 맞으면 당연히 해야지."

"그럼 내가 연결해줄 테니까 잘해봐, 형."

"땡큐. 자세한 건 만나서 이야기하자."

형의 밝은 목소리를 들으니 나도 기분이 좋다.

김 대리의 사내번호를 찾아 전화를 건다.

"김 대리? 나 이 부장인데 방금 전에 선배하고 통화했어. 리더십 교육과 워크숍 운영이 주로 하는 일이라고 하더라고."

"감사합니다. 부장님, 연락처 알려주시면 제가 연락해보겠습니다."

"알았어, 근데 언제부터 시작해?"

"어떤 거요?"

"팀별 워크숍에 전문코치 쓴다고 한 거."

"진행할 회사가 결정되어야 하겠지만, 내년도 매출향상을 위한 팀별 워크숍 지원이 목적이니까 다음 달에는 시작할 것 같은데요."

"모든 팀이 다하는 거니?"

"자세한 건 더 살펴봐야겠지만, 예산에 따라 지원한 팀만 할 수도 있고 다 할 수도 있어요."

"그래? 우리 팀은 꼭 할게. 내가 소개한 거니까 우리 팀은 꼭 시켜줘."

"네, 그렇게 하겠습니다."

목소리만 들어도 수화기 너머 예의 바르게 전화를 받는 김 대리의 모습이 보이는 듯하다.

"그래, 그럼 내가 연락처 보내줄게."

"네, 감사합니다."

오늘 아침에 김 대리를 만난 건 어찌 보면 행운인 것 같다. 열심히 일하려고 하니 하늘에서 길을 열어준 느낌? 그래, 제대로 한번 해보자!

변화를 위한 질문

무엇부터 시작해야 할까? 신뢰, 경청, 분위기를 좋게 하는 것…. 경청의 효과는 확인했다. 그렇다면 그다음은 질문이 아닐까? 우선 잘 들어보고, 그다음은 어떤 생각을 가지고 있는지 질문하는 것. 한참 생각해도 왠지 이것이 방법일 것이라는 생각이 든다.

우리 팀 팀원들을 살펴본다. 차장들은 자리를 비웠고, 다른 팀원들은 자리에서 각자 일을 하고 있다. 평소 뺀질뺀질한 김 대리가 자리에서 일어나 나가는 걸 보니, 아무래도 담배 한 대 피우러 나가는 것 같다. 나도 갑자기 담배가 당긴다. 운동 시작하면서 끊으려고 했는데, 쉽지가 않다. 탕비실 쪽으로 김 대리를 따라 나선다.

"커피 타러 가는 거야?"

"네, 팀장님. 한잔 타드릴까요?"

"그래, 올라가서 담배 한 대 피우자."

옷걸이 쪽으로 가서 외투를 챙겨 입는다. 날이 추우니 바깥에서 담배라
도 한 대 피우려면 챙겨 입어야 한다. 두 손에 커피를 들고 온 김 대리에게
서 한 잔을 받아들고 계단을 통해 하늘공원으로 향한다. 바깥으로 나와 보
니 생각보다 춥지는 않다.

"요즘 어때?"

담배에 불을 붙이며 물어본다.

"열심히는 하고 있는데…. 헤헤. 매출이 나와야 하는데…. 요즘 상황 잘
아시잖아요…. 결과가 신통치 않으니…."

아, 뺀질뺀질한 김 대리….

그래도 눈치 보느라 담배도 제대로 못 꺼내는 것 같아, 눈짓으로 담배 피
우라는 사인을 준다. 매출에 대해서는 둘이 할 이야기가 별로 없다.

"김 대리는 요즘 일 말고 뭐하고 지내?"

좀 편안하게 하고 싶다.

"아시잖아요. 하루 종일 일하고, 저녁에 팀회식 있으면 한잔하고…."

커피를 마시면서 나를 바라보는 눈빛이 알면서 뭘 물어보냐는 느낌이다.

"데이트는 안 해?"

여자 친구가 있다고 들었다.

"주중에는 한 번 만날까 말까 하구요, 주말에 만나서 놀죠…."

"언제 장가 갈 거야?"

쑥스러운 듯 잔기침을 몇 번 하더니 대답한다.

"가긴 가야 하는데, 집이라도 한 칸 마련하고 가려니까 쉽지가 않네요.
요즘 집이 보통 비싸야죠. 전세 구하기 어렵다고 뉴스에서 맨날 나오고…. **66·67**

모아놓은 돈도 별로 없고…."

"돈 모으고 가려면 장가 못 가. 진짜 내 여자다 싶으면, 일단 결혼해서 하나씩 장만해가는 거지. 그게 또 재미다."

말하다 보니, 또 내가 너무 말을 많이 하는 것 같다는 생각이 들어 순간 마무리한다. 담배를 한 모금 피우고는 묻는다.

"요즘 재미있어?"

궁금하다.

"재미요?"

골똘히 생각하는데, 답을 못하는 걸 보니 적어도 재미는 없는 것 같다. 어떻게 대답해야 할지 고민하는 기색이다.

"그럼, 언제가 제일 재미있었어?"

웃으며 편하게 물어본다.

"헤헤…, 재미있기는 대학교 때 밴드 활동할 때가 제일 재밌었죠."

"밴드? 아, 그래서 노래방 가면 김 대리가 날아다녔구나. 밴드에서 뭐 했는데?"

"베이스 쳤죠."

한 손에 들고 있던 커피 잔을 내려놓고 기타 치는 폼을 잡는다.

"완전히 날렸겠는데?"

궁금해진다.

"크크, 그때는 조금 날렸죠. 그래도 재미있었던 건 공연 한번 하려고, 연습하고, 포스터 만들고, 홍보하러 다니고…. 축제 전에는 몇 날 며칠 날밤을 새면서 준비했었죠…. 캬…. 그때는 정말 열정이 넘쳤었는데…."

담배 연기를 하늘로 뱉으며 이야기한다.

요즘에는 열정이 다 사라졌다는 이야기다.

그 열정이 다 어디 갔느냐고 물어보자니 왠지 내 책임인 것 같아 차마 물어볼 수가 없다.

"헤헤, 이제 열정적으로 일해야죠."

왠지 내 마음을 알아차린 듯 이야기한다.

"그래…."

김 대리의 등을 툭툭 쳐주며 말한다.

담배를 마저 피우고 들어오는데 한 가지 생각이 마음을 떠나지 않는다.

'그래, 열정적으로 일할 수 있는 분위기를 만드는 거다. 누구나 열정적으로 일하도록 만든다면 일의 성과는 안 나올 수 없을 거야….'

내가 해야 하는 일이 무엇인지 초점이 맞추어지는 느낌이다. 담배도 빨리 끊어야겠다.

형편없는 PT, 도대체 이유가 뭘까?

그날 오후, 이 차장의 차를 타고 고객사로 들어간다. 앞에는 김 대리가 앉아 있다. 오랫동안 끌어왔던 고객사의 담당 임원을 만나는 자리. 힘겹게 만든 자리다. 오늘 자리에 따라서 클로징이 될 수도 있고 물거품이 될 수도 있다.

"이 차장, 어떻게 진행할 거야?"

전체적인 진행 순서가 궁금하다.

"팀장님하고 상무님하고 먼저 인사 나누시고, 김 대리가 제안서 나눠주고 세팅하면, 제가 PTpresentation를 진행하겠습니다."

각자의 큰 역할이 정해졌다.

"누구누구 나온다고 했지?"

"저쪽에서는 담당 상무님과 담당 부장님 그리고 실무 과장, 이렇게 세 명이 나올 겁니다. 관련된 다른 사람이 들어올 수도 있고요."

"이번 미팅에서 우리가 꼭 얻어내야 하는 게 뭐지?"

"무엇보다 내년에 우리와 진행한다는 확답을 얻어내는 게 중요하고요. 이것이 어느 정도 결정되면 금액을 네고negotiation하는 것이 핵심이 될 것 같습니다."

연말이 다가오면서 매출에 대해서 마음이 점점 더 조급해지는 것 같다. 창밖으로 보이는 거리의 가로수는 메마른 가지만 남아 추워 보인다.

고객사의 주차장으로 들어가 엘리베이터를 타고 건물 로비로 올라간다. 인포메이션에서 김 대리가 대표로 신원확인을 하고 출입증을 받아온다. 출입구를 지나 다시 엘리베이터를 타고 사무실로 올라간다. 18층에서 내려 안내데스크에서 방문자 확인을 한다.

담당 과장이 나와서 우리를 맞이한다. 가볍게 인사를 나누고 회의실로 향한다. 들어가는 길에 살펴본 고객사는 조용하다. 잘 정리된 사무실. 각자 자신의 책상에서 무언가 일을 하고 있다. 회의실에 도착해 자리를 잡는다. 담당 상무님을 생각해서 내가 맞은 편 가운데에 앉고, 벽면 TV 쪽으로 이 차장, 김 대리가 바깥쪽에 앉는다.

"안녕하세요?"

꼼꼼하다고 소문난 담당 부장이 들어온다.

"아이고, 안녕하세요? 오랜만에 뵙습니다. 잘 지내셨어요?"

한껏 웃음을 지으며 인사한다. 부장은 김 대리 앞쪽에 앉으며 설명 잘 부탁한다고 한다.

"저희 상무님은 본인 생각이 뚜렷하신 분이세요. 필요성에 대해 잘 설명해주셔야 해요. 상무님이 아니라면 아닌 거니까…."

저 한마디가 두렵다. 왠지 책임을 회피하는 듯한 느낌도 든다.

담당 상무가 시간이 되었는데도 모습을 보이지 않는다.

"먼저 시작하시죠. 아무래도 상무님이 중간에 오실 것 같은데요…."

부장이 먼저 시작하자고 한다. 자신들의 요청을 확인하고자 하는 것 같다. 회의실에 있는 TV와 발표자료는 연결해 놓았지만 제안서를 보면서 설명하기로 한다. 이 차장이 나선다.

"나눠드린 제안서를 보면서 말씀드리겠습니다. 첫 번째 장 넘겨주시기 바랍니다. 어…, 목차는 넘어가겠습니다. 어…, 다음 페이지는 배경설명입니다. 그리고 어…."

설명이 영 시원찮다. 준비가 덜된 느낌이다. 담당 부장은 설명을 듣지도 않고, 제안서를 획획 넘기며 필요한 내용을 훑어보고 있다. 얼마나 중요한 자리인데, 차장이란 놈이 이것밖에 못하다니…. 화가 치민다.

담당 상무가 문을 열고 들어온다. 명함을 주고받는다.

"이야기는 전해 들었습니다. 하던 거 계속하시죠."

이 차장은 진행했던 앞부분을 다시 간략하게 설명하고, 이야기를 이어간다. 담당 상무도 설명을 듣기보다 제안서를 넘겨본다. 한 페이지를 유심히 살펴본다.

"궁금하신 거 있나요?"

이 차장 발표를 끊고 물어본다.

"제가 예산과 관련해서 우리 팀에 말한 부분이 반영이 안 된 것 같아서…."

담당 부장을 쳐다본다. 담당 부장은 우리 팀에 내용을 전달했다고 한다. 나는 이 차장을 쳐다본다.

"아, 그 부분은 뒤쪽에 있습니다."

제안서를 뒤적이며 페이지를 확인한다. 함께 제안서를 넘기며 내용을 듣는다. 다시 담당 상무가 말을 끊는다.

"예산은 최종적으로 협의가 된 부분인가요?"

결국 돈 이야기다. 내가 나선다.

"이 부분은 저희 회사 기준으로 나온 부분이고요, 상무님께서 원하시는 게 있으면 조금 더 조정해보겠습니다."

우선은 담당 상무의 거절을 피해야겠다는 생각이다.

"그럼, 우리 박 부장하고 상의해서 잘 좀 부탁드리겠습니다."

자신은 선약이 있다며 자리에서 일어난다. 모두들 자리에서 일어나서 인사를 한다.

"네, 잘 맞춰보겠습니다."

담당 부장과 과장으로부터 다시 한 번 전달사항을 확인한다. 이 차장은 오늘 PT는 상무님이 제시한 부분을 반영했다고 한다. 하지만, 설득하지 못했다. 난 끝날 수 있는 거래를 살렸다고 생각한다.

이 차장이 입이 댓 발 나왔다. 뭐 잘한 게 있다고…. 뺀질이 김 대리도 표정이 안 좋다. 결과가 좋지 않은 데다 분위기도 다운되고, 나도 무언가 실수한 것 같은 느낌에 기분이 안 좋다. 불쾌하다.

터닝 포인트

인사팀 김 대리로부터 온 메일이 눈에 띈다. 제목이 '내년도 팀별 워크숍 준비'다. 메일을 열어 살펴본다. 워크숍의 질을 높이기 위해서 전문코치의 리딩에 따라 진행한다고 한다. 대신 비용을 효율적으로 쓰기 위해서 외부가 아닌 4층 대회의실에서 진행된다고 한다. 회사에서 하면 현업 때문에 방해를 많이 받을 것 같은 우려가 든다.

기간은 다음 주부터 연말까지 팀장이 결정해서 참가여부를 알려주면 된다. 대회의실 사용관계로 일시가 겹칠 경우에는 먼저 신청한 팀에게 기회를 준다고 한다. 굳이 늦게 신청할 이유가 없다. 며칠 전 고객사에 다녀온 이후로 이 차장, 김 대리와의 관계도 불편하다. 강 차장도 그렇고, 내년 준비를 하루라도 빨리 하는 게 좋을 듯하다. 팀원들에게 다음 주 일정을 체크해보라고 했다. 다들 참석하는 데 별 문제없다.

인사팀에 전화를 건다.

"김 대리? 나, 영업 2팀 이 부장인데, 팀별 워크숍…, 신청한 팀 있어?"

차분한 답변이 들린다.

"아직 없습니다."

"그럼, 우리 팀은 다음 주 금요일에 할게."

"네, 알겠습니다. 영업 2팀을 1순위로 진행하겠습니다."

"워크숍 하기 전에 준비해야 할 것 있나?"

"제가 메일로 보내드릴 텐데요. 평소 워크숍 준비하는 것처럼 각자 내년 계획을 세워오는 것과 사전 설문이 있습니다."

"복잡한 거 아니야?"

사전 설문지가 있다는 말에 습관처럼 툭 튀어 나온다.

"아니에요. 제가 살펴보니까 금방 할 수 있어요. 워크숍 준비도 각자 업무에 대해 생각해오는 정도고요…. 제가 지금 영업 2팀 전체에게 메일을 보내드릴 테니까 부장님께서 팀원들에게 잘 말씀해주세요."

"그래, 알았어."

"네, 감사합니다."

전화를 끊고 나니 문득 어디에서 진행하는지가 궁금해진다.

핸드폰을 열어 채팅 방에 들어가 형에게 메시지를 보낸다.

'형, 우리 회사와 일하는 것 맞아?'

바로 답변이 없어서 핸드폰을 끄려는 순간 메시지 창이 뜬다.

'응, 우리가 하기로 했어. 고맙다.'

'ㅎㅎ, 고맙긴…. 형, 잘 부탁해.'

'우리 팀은 다음 주 금요일로 신청했어. 형이 직접 해?'

'나랑 몇 명이 같이 하는데 처음은 내가 진행할 것 같아.'

'잘됐다. 우리 팀은 형이 직접 해줘.'

'그래.'

'근데, 준비할 게 많아?'

'설문은 너희 팀의 현재 상황을 확인하는 거야. 직원들의 강점과 몰입도

테스트.'

'그리고?'

'나머지는 너희 팀 내년 계획 세우는 데 필요한 기초자료.'

'많이 준비해야 해?'

'계획은 얼마나 많은 자료를 기초로 했느냐에 따라 결과의 수준이 달라져. 그러니 가능하면 충분히 준비하는 게 유리하지.'

'알았어. 그럼, 최대한 준비하라고 할게. 그거 말고는 없어?'

'응, 편한 마음으로 들어와.'

'오케이, 형만 믿을게.'

'그래, 나도 열심히 준비해서 들어가마.'

'땡큐.'

다음 주 워크숍은 올해의 마무리와 내년 시작의 터닝 포인트가 될 것이다. 각자에게 확실히 준비하라고 해야겠다. 준비한 만큼 만족하는 결과를 얻으리라.

강점과 몰입도

며칠 동안 직원들에게 워크숍 준비를 잘하라고 독려했다. 아침 운동에서 형을 만났을 때도 더 필요한 것이 없는지 거듭 확인했다. 그동안 뭔가 헛바퀴를 돌린 것 같았던 우리 팀이 오늘을 계기로 잘 정리되고 정돈되었으면 좋겠다.

시간 맞춰 내려오라고 이야기를 하는 자리에서 일어난다. 오늘 교육준비가 제대로 되었는지 챙겨볼 심산이다. 엘리베이터를 타고 내려가 4층 대회의실의 문을 열고 들어간다.

"좋은 아침!"

형이 웃으며 나를 반긴다. 시간이 30분이나 남았는데 벌써 준비가 끝나 있다. 책상 위에는 교재가 올려져 있고, 뒤쪽에 있던 인사팀 김 대리도 인사를 한다. 형에게 다가가 악수를 건넨다.

"잘 부탁드립니다."

존댓말 쓰는 것이 왠지 어색하기도 하지만, 다른 직원도 있으니 이렇게 인사하는 것이 맞을 것 같다. 형이 두 손으로 내 손을 감싼다.

"네, 열심히 하겠습니다."

웃으며 대답한다. 뒤쪽에 있는 형의 회사직원이 다가오더니 인사를 한다. 함께 회의실 뒤쪽으로 가서 커피를 한 잔 나눈다.

9시가 다가오자 팀원들이 하나둘 문을 열고 들어온다. 스크린을 바라보고 U자형으로 배치된 책상에 각자 편한 곳에 가서 자리를 잡는다. 시간이 되어 나도 가운데 자리에 앉는다.

먼저 인사팀 김 대리가 앞으로 나와 인사말을 전한다.

"안녕하세요? 인사팀 김병선 대리입니다. 오늘 내년도 목표수립을 위한 팀별 워크숍에 참석해주셔서 감사합니다. 이제까지는 팀에서 자체적으로만 진행해왔는데, 올해부터는 더 나은 성과를 얻기 위해서 전문코치님을 모시고 진행하게 되었습니다. 오늘 하루 동안 적극적으로 참여해주시고, 좋은 결과 얻으시기 바라겠습니다. 그럼, 오늘 워크숍을 진행해주실 코치님을 소개해드리도록 하겠습니다. 큰 박수로 맞이해주시기 바랍니다."

"짝, 짝, 짝, 짝."

내가 가장 열심히 박수를 친다. 다른 팀원들도 나를 따라 박수에 힘이 들어가는 느낌이다.

"감사합니다. 이장원 코치입니다. 오늘 이렇게 팀별 워크숍을 함께하게 되어 기쁩니다. 저는 오늘 코치로서 여러분이 좋은 계획을 수립할 수 있도록 도와드리는 역할을 할 예정입니다. 예를 들자면 셰르파 같은 역할입니다. 제가 전체적인 흐름과 순서를 구성해서 여러분을 안내하겠지만, 실제 그 과정을 한 걸음 한 걸음 올라가는 것은 여러분의 몫입니다. 저는 다만 여러분과 함께하면서 그 시간이 지루하지 않도록, 그리고 목표지점까지 즐겁게 갈 수 있도록 돕겠습니다."

간단히 인사를 마치고, 팀원들끼리도 인사를 나누는 시간을 갖자고 한다. 다 아는 사이인데 뭘 또 인사를 나누나 싶었는데, 게임식으로 서로 질문도 하고 대답을 하니, 재미도 있고 몸도 풀리는 느낌이다. 모두 함께 하루를 어떻게 보낼지 그라운드 룰을 잡은 이후로 본격적으로 시작된다.

첫 번째로 꺼내 놓은 주제는 '강점'이다.

"이 세상을 살아가려면 강점이 굉장히 중요합니다. 누구나 자신의 능력을 발휘하고, 인정받기 위해서는 강점을 만들어야 합니다. 이제 세상은 강점으로 경쟁하는 세상이 되었습니다. 그렇다면 어떤 것들이 있어야 강점이 될까요?"

우리를 쳐다보며 질문한다.

"경험이요?"

이 차장이 맞느냐는 식으로 대답한다.

"맞습니다. 경험이 필요합니다. 또 필요한 것은 무엇이 있을까요?"

다시 묻는다.

"지식?"

내가 대답한다.

"네, 지식도 필요합니다. 하지만 가장 중요한 것이 아직 나오지 않았습니다."

눈을 마주치지만 대답이 나오지 않자 바로 말을 이어간다.

"재능이 더 필요합니다."

한 호흡 쉬고, 슬라이드를 넘기며 말을 이어간다. 스크린에는 아래와 같은 수식이 띄어져 있다.

'강점＝재능＋경험＋지식'

"개인에게 강점이 만들어지려면 재능에 경험과 지식이 덧붙여져서 강점이 되는 것입니다. 여기서 중요한 것은 재능입니다. 각자에게는 이 재능이라고 하는 탤런트talent, 가지고 있는 원석들이 있습니다. 이 원석을 오랜 시간 경험과 지식을 가지고 갈고 닦아야 어디서든 빛나는 보석 같은 강점이 되는 것입니다. 오늘은 우리 팀원들의 재능을 알아봐주는 것으로 시작해보겠습니다."

우리에게는 각자 재능이 있다. 이것을 갈고 닦아야 보석이 된다는 말이 와닿는다. 그동안 열심히만 하면 된다고 생각했는데, 사실 집중해야 하는 부분이 따로 있었던 것이다. 잠시 시간을 갖고 나의 재능이 무엇인지 적어보는 시간을 가졌다. 또한 팀원들의 이름을 적고 그들이 가지고 있는 재능은 무엇인지도 적어보았다. 시간이 지나고 장원이 형, 아니 이 코치님은 서로 적은 내용을 확인하게 하였다. 막내의 강점부터 확인하는 시간을 가졌다.

"저의 재능은 정보를 빨리 정리하는 데 있는 것 같습니다. 제게 자료가 오면 중요한 것을 확인하고 체계화하는 걸 잘하는 것 같아요. 컴퓨터 작업도 빠른 편이고요."

어색한 듯 이야기를 꺼냈지만 다들 동의하는 분위기다. 그동안 봐왔던 막내의 모습 속에서 그 내용이 사실이라는 것을 뒷받침해주는 증거들을 찾아서 이야기해준다. 그렇지 않아도 시류직업을 시키면 누구보다 빨리 처리하곤 했다.

그다음은 박 대리. 박 대리는 자신의 재능이 커뮤니케이션에 있다고 한다. 여성 특유의 섬세함과 센스가 박 대리의 장점이다. 인정할 수밖에 없다.

김 대리는 모르는 사람들과 쉽게 친해지는 데 재능이 있다고 하고, 강 차장은 전체를 구조화하고 연결고리를 찾아내는 능력, 이 차장은 정리하는 능력, 그리고 나는 가능성 있는 아이템을 발견하는 재능을 꼽았다. 사실 나는 일할 때 어떤 아이템이 될 만한 것인지, 안 될 만한 건지 가려내는 촉이 발달했다는 이야기를 많이 들었었다. 실제로 내가 된다고 한 사업이 크게 성공하는 사례를 여러 번 봐오기도 했다. 일할 때도 집중할 고객사를 고른다거나, 판매할 상품을 알아보는 데 누구보다 자신이 있었다.

사실 그동안 별로 중요하게 생각하지 않았던 부분인데, 이런 부분들을 스스로 찾아내고, 주변 사람들로부터 인정받으니, 뭔가 내 가슴속에 보물을 하나 찾은 것 같다. 다들 설레는 마음으로 워크숍에 집중하게 된다.

처참한 현실을 직시하다

이번에는 우리 팀의 상태를 알아볼 차례다. 얼마 전 진행했던 사전 설문조사의 결과가 나와 있다. 삼각형이 5단계로 나누어져 있고, 한두 군데 말고는 모두 빨간 색으로 칠해져 있다.

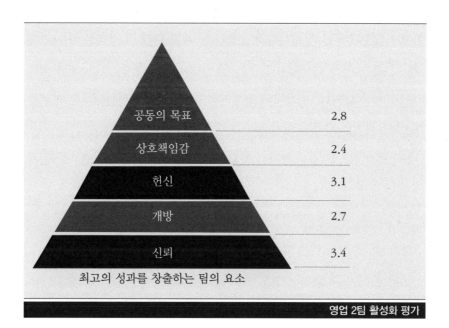

공동의 목표	2.8
상호책임감	2.4
헌신	3.1
개방	2.7
신뢰	3.4

최고의 성과를 창출하는 팀의 요소

영업 2팀 활성화 평가

"이 부분은 우리 팀의 상황을 나타내는 것입니다. 팀이 얼마나 활성화되어 있는지를 보여주는 것이지요."

이 코치님은 지난번에 나에게 말했던 신뢰의 중요성, 얼마나 마음을 열고 커뮤니케이션하는 것이 중요한지, 헌신과 상호 책임감, 공동의 목표에 대해서 설명했다.

"자, 보이는 것처럼 우리 팀의 장점은 신뢰와 개인적인 헌신 부분밖에 없습니다. 나머지 부분을 좀 더 채워야만 노력한 만큼의 결과를 얻을 수 있을 것입니다."

다들 아무 말도 하지 않는다. 현실을 부정하기에는 우리의 현재 상황이 너무 적나라하게 드러나 있고, 수긍을 하자니 현실이 처참하게 느껴진다.

"다음은 '몰입'에 대해서 살펴보도록 하겠습니다. 현재 우리가 일하는 현실에서 많은 부분은 경쟁사와 비슷합니다. 특히 일할 때 필요로 하는 기계적인 부분은 거의 비슷합니다. 비슷한 사양의 노트북에 비슷한 솔루션을 가지고 일을 합니다. 여기서 생산성의 가장 큰 차이를 만들어내는 부분은 구성원들이 얼마나 몰입해서 일하고 있느냐의 부분입니다."

몰입해서 일하는 것이 얼마나 중요하고, 성과에 얼마나 영향을 미치는지에 대한 설명이 이어졌다.

"그렇다면, 우리는 얼마나 몰입해서 일하는지 살펴볼까요?"

다음 슬라이드에서는 꺾은 선 그래프가 보인다.

"이것은 우리가 얼마나 몰입해서 일하고 있는가를 보여주는 것입니다. 여기서 이야기한 항목들 하나하나가 팀의 몰입도를 보여주는 것입니다."

붉은색 선이 평균 라인인 3.5보다 한참 밑으로 내려와 있다. 하나씩 항목을 설명해준다.

"무엇보다 가장 점수가 낮은 항목은 '나는 업무와 관련해서 인정, 칭찬을 받은 적이 있다.'라는 8번 항목입니다."

그래도 나는 다른 부장들에 비해서 평소에 팀원들을 인정하고 칭찬하는 편이라고 생각했는데 결과는 거리가 멀었다. 전체 항목 중에 이 부분이 가장 낮았다니 조금은 충격적이다.

"지난주부터 오늘까지, 1주일 동안 몇 번이나 칭찬을 받았나요?"

직원들에게 물어본다. 한 명씩 눈을 보며 물어보지만 아무도 대답하지 못한다. 박 대리만 "한 번, 있었나?" 하고 갸우뚱거리는 것이 다다. 왠지 내 책임인 것 같아 얼굴이 화끈거린다.

"지금 여러분께서 보여주신 모습이 우리나라 대부분 기업의 모습입니다.

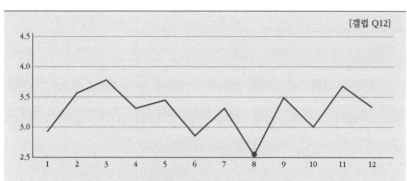

[갤럽 Q12]

팀워크

1. 회사에서 내 의견을 중요하게 여기는 것 같다.
2. 회사가 목표를 달성하는 데 나는 중요한 몫을 한다.
3. 내 동료들은 가치 있는 일을 하고 있다.
4. 나는 회사에 절친한 친구가 있다.

성장 가능성

5. 나의 발전에 관해서 회사 내 누군가와 대화를 나눴다.
6. 회사에서 학습하고 성장할 기회를 가진 적이 있다.

개인에 대한 관심, 인정

7. 내가 가장 잘할 수 있는 일을 할 기회를 갖는다.
8. 1주일 동안 업무와 관련해서 인정, 칭찬을 받은 적이 있다.
9. 나를 한 사람의 인간으로 인정하고 관심을 가져준다.
10. 회사에서 나의 계발을 장려해주는 사람이 있다.

정보, 자원 이용

11. 나는 회사가 나에게 무엇을 기대하는지 알고 있다.
12. 나는 일을 하는 데 필요한 정보와 자원을 갖추고 있다.

영업 2팀 설문조사 결과

인정과 칭찬이 필요하다는 것은 알지만 몸에 배어 있지 않은 사람들에게는 어려운 일이지요. 중요한 것은 이것 자체가 문제가 아니라, 이 문제를 직시하고 시작하면 몰입해서 일할 수 있고 더 많은 것을 얻을 수 있다는 것입니다."

다행히 나를 위해 변명을 해주는 것 같다.

"그렇다면 이제부터 우리가 회사에서 어떻게 하면 서로를 인정하고 칭찬할 수 있는지 그 아이디어를 찾아보도록 하겠습니다. 어떻게 하면 좋을지 잠시 생각하고 이야기를 나눠보도록 하겠습니다."

조용한 피아노 음악이 흐르고 각자 고민을 했다. 5분 정도 시간이 지나자 알람이 울린다.

"누구부터 말씀을 해주시겠습니까?"

막내가 대답한다.

"저는 막내라서 직접 표현하기가 조금 어려운 면이 있습니다. 그래서 말씀을 드리기가 곤란할 때는 메일을 보내도록 하겠습니다."

"나한테는 대놓고 얘기해라."

김 대리의 뜬금없는 이야기에 다들 웃음이 터졌다. 옆에서 "나도, 나도."라는 소리가 이어진다. 박 대리는 팀에 많은 공헌을 한 사람에게 선물을 해주자고 아이디어를 내놓았다.

"시스템으로 만드는 것은 어떨까요? 아까 주호 군이 발표한 것처럼 개인에게 직접 이야기하는 것이 조금 어려운 면이 있습니다. 메일로 보내는 것도 방법이겠지만, 많은 사람이 알고, 말 한 마디라도 더 붙여주면 좋은 일이겠지요. 우리 회사 인트라넷에 게시판을 추가할 수 있는 것으로 알고 있습니다. 우리 팀만 볼 수 있게 해서 칭찬게시판을 만드는 것은 어떨까요?"

"오~." 하는 탄성이 흘러나온다. 조금 놀랍다. 강 차장의 생각은 물론이고 우리 팀에 와서 저렇게 적극적인 모습을 보여준 것은 처음인 듯하다. 이 부분이 가장 놀랍다.

그 후로도 여러 아이디어들이 나왔다. 어떤 것이 좋은지도 충분히 논의가 되었다.

"여러분의 적극적인 참여, 감사합니다. 함께하는 저도 아주 재미있고 즐겁습니다. 그렇다면 이 중에 우리가 직접 실천할 아이디어를 정해보도록 하겠습니다."

투표를 통해 강 차장의 칭찬게시판과 하루에 한 번씩은 동료들에게 인정의 말 전하기, 칭찬 잘한 사람에게 선물해주기 등이 실천 아이디어로 결정되었다.

"중요한 것은 실천입니다. 이번 워크숍은 오늘 하루에 끝나지 않습니다. 세 달 후에 실천 확인을 위해 그룹 코칭을 한 번 더 진행할 예정입니다. 그 때까지 열심히 실천해주시고, 그 실천의 결과를 마음껏 누리길 기대합니다. 그럼 오전 시간은 여기에서 마치고 식사 후에 이어가도록 하겠습니다."

다같이 "감사합니다." 하는 인사와 함께 박수를 치며 자리에서 일어났다.

진심으로 몰입한 느낌이다.

제대로 된 길 찾기

인사팀 김 대리의 안내에 따라 회사 앞 식당으로 자리를 옮긴다. 방에 들어가보니 이미 식사가 준비되어 있다. 3개의 테이블 위엔 찌개가 자글자글 끓고 있다.

"점심시간에 자리 잡기도 어렵고 해서, 제가 미리 예약을 했습니다. 괜찮으시죠?"

"괜찮아, 아주 좋아."

이 차장이 제일 먼저 대답을 한다.

"점심시간이 되니까 이 차장이 살아나는 것 같아."

"제가 원래 점심시간 체질입니다."

나의 가벼운 농담에 이 차장도 재치 있게 대응한다. 오전 시간에 다들 이야기를 많이 나눠서 그런지 편안한 느낌이다.

"저는 내년도 계획 수립 워크숍이라고 해서 무겁고 힘들 줄 알았는데 아주 재미있네요."

이 차장의 반응에 다들 고개를 끄덕이고, 웃는 모습이 동의하는 걸로 여겨진다. 나 역시 그렇다.

"여러분이 열심히 해주어서 그렇죠."

장원이 형의 반응은 덕담 같다.

"이 코치님께서는 이런 작업을 많이 하시나요?"

강 차장이 물어본다.

"네, 요즘에는 경제가 어렵잖아요. 그러다 보니 오히려 성과를 내기를 원하는 조직에서 전문가의 도움을 더 많이 찾는 것 같아요."

"그럼, 많은 회사들을 다니실 텐데, 저희 회사는 수준이 어떤가요?"

옆에서 듣고 있던 나의 귀를 쫑긋 서게 만드는 질문이다. 순간 긴장이 되기도 한다. 장원이 형이 잠깐 생각하는 듯하다.

"여러분 팀만 보고 회사 전체를 판단하기는 좀 어렵지만, 여러분이 회사를 대표한다고 봤을 때는 평균 이상이라고 봅니다."

진심인 것 같다는 생각이 들지만, 그래도 진짜일까 궁금하기도 하다.

"저희가 저희 회사에서도 평균 이상입니다."

이번엔 김 대리의 재치 있는 답변이다.

다시 한 번 다 같이 웃는다.

찌개가 어느 정도 끓자, 박 대리와 막내가 그릇에 찌개를 담아 나눠준다.

"맛있게 먹자고."

나의 이야기에 다같이 "맛있게 드세요."라고 외친다.

에너지가 한가득 올라온 느낌이다. 밥 먹는 동안에도 장원이 형에게 질문이 끊이지 않는다. 오전 내내 시간을 잘 이끌어줘서 그런지 다들 궁금한 게 많은 모양이다.

"어떻게 하다가 코치가 되셨어요?"

강 차장이 굉장히 적극적이다.

국물을 뜨다 말고 장원이 형이 대답을 해준다.

"네, 전에는 컨설팅을 했었는데요. 저희가 아무리 좋은 답을 주어도 고객사에서 실천을 못하는 경우가 많더라고요. 그걸 보면서 정답보다 중요한 것이 실천이라는 생각을 하게 되었죠. 그렇다면 어떻게 상대가 실천하게 할 수 있을까 고민하고 찾다 보니까 코칭이란 게 있더라고요. 그때부터 공부하고 준비하다가 지금은 전문코치로서의 정체성을 가지고 일하고 있습니다."

이렇게 대답을 마치고서야 웃으면서 한입 먹는다.

"컨설팅도 좋은 직업 아닌가요?"

옆에 있던 박 대리가 묻는다.

"컨설팅 좋은 직업이죠. 자신의 전문성을 발휘해서 다른 사람을 도와주는 아주 좋은 직업이죠. 이런 점에서는 코칭과 비슷해요. 그런데, 코칭은 다른 재미가 있어요."

"어떤 재미요?"

잠시 생각하는 듯하다.

"보람?"

"제가 처음 코칭을 배울 때, 저희 직원을 대상으로 코칭을 할 때였어요. 사실은 컨설턴트로 별로 가능성이 안 보이는 친구였거든요. 그런데, 코치라는 마음자세로 그 친구를 대하니까 좋은 점이 보이기 시작하더라고요. 그리고 그런 마음으로 대화를 하다 보니까 그 친구가 자신의 속내를 말하더라고요. 사실은 집안 문제가 있어서 일에 집중하지 못하는 거였어요. 그 부분을 제가 배려하고, 도움을 주니까 어느 순간 확 살아나더라고요."

눈에서 빛이 반짝하는 듯하다. 그때의 감정이 다시 살아나는 것처럼.

"그때 보람을 느끼셨어요?"

박 대리가 궁금한 듯 묻는다.

"네. '누군가를 도와줘서 성공시키는 것이 이렇게 행복한 일이구나.' 하고 느꼈죠. 그 일 이후로 한 2년 더 준비해서 완전히 코치로 전업했어요."

"그럼, 어떻게 코치가 되나요?"

형은 대답하느라 밥도 못 먹고 있다.

"자, 질문은 이제 그만…. 이 코치님 식사 다 하신 다음에 물어봐."

박 대리가 쑥스러운 듯 어깨를 한번 들었다 내린다.

"아, 죄송해요. 식사하세요…. 호호호."

다들 살짝 웃으며 집중해서 밥을 먹기 시작한다. 그것도 잠시, 다시 궁금한 것들에 대한 질문은 이어지고, 장원이 형은 계속해서 대답을 해준다.

옆에서 지켜보면서 '우리 팀원들이 이렇게 열심히 질문을 하다니, 다들 무언가 갈증이 있었구나.' 하는 생각이 든다. 또한 직원들을 어떻게 이끄느냐에 따라 이런 집중력의 차이를 만들 수도 있겠구나 싶다. 오늘 하루 장원이 형이 우리 직원을 많이 변화시켜 주었으면 좋겠다.

목표와 방향을 찾다

점심을 먹고 다시 자리에 모였다. 간단히 스트레칭으로 몸을 풀고 오후 시간 준비를 한다.

"오전 시간에 강점과 몰입에 대해서 알아봤고, 점심시간에도 코칭에 대해서 많은 이야기를 나눴습니다. 여러분은 코칭이 뭐라고 생각하세요?"

"도와주는 것?", "동기부여?", "변화를 도와주는 것?" 등등 대답이 생각보다 잘 나온다.

"네. 맞습니다. 여러분이 말씀한 것 모두 코칭을 표현하는 이야기입니다. 그런데, 중요한 것 한 가지가 빠졌습니다. 무엇일까요?"

순간 조용하다. 잠깐 기다리더니 말을 잇는다.

"성과입니다. 그 성과란 코칭의 목표에 따라 매출이 될 수도 있고, 고객사 방문횟수가 될 수도 있고, 원하는 계획의 실천횟수가 될 수도 있습니다. 분명한 건 비즈니스 코칭에서는 그 성과를 이룰 수 있도록 동기를 유발시키고, 그 성과가 나오도록 도와주는 것입니다."

그렇다! 결국 코칭이란 원하는 성과를 이룰 수 있도록 도와주는 것이구나. 단순히 누군가를 위해서 좋은 소리를 하는 것이 아니라는 생각이 든다.

"오늘 저에게 있어 성과란 여러분의 내년도 매출입니다. 어떻게 하면 매출을 잘 올릴 수 있는지에 대해 방법을 찾아내고, 실제로 그 부분을 올릴 수 있도록 도와드리겠습니다."

"잘 좀 도와주세요."

진심으로 한마디 한다. 모두가 한바탕 웃고 시작한다.

"계획을 세우기 위해서는 현재 상황을 잘 파악하는 것이 중요합니다. 계획을 세울 때 얼마나 깊고 넓은 정보를 바탕으로 하느냐에 따라 그 계획의 수준이 좌우됩니다. 저는 사전과제로 여러분이 일하는 분야에 대해서 가능한 한 많은 정보를 가지고 참석해달라고 요청했습니다. 다들 준비는 잘해 오셨나요?"

눈치를 보니 다들 쭈뼛거린다.

"잘…까지는 아니고요. 각자 맡고 있는 고객들이 있기 때문에 거기에 맞게끔 준비해왔습니다."

쑥스러운지 김 대리가 목소리를 조금 낮춰서 대답한다.

"좋습니다. 어느 정도 준비를 해왔으니 그것을 기반으로 시작하도록 하겠습니다. 제가 준비한 프레임frame을 가지고 자료를 생각해보고, 정리해 보도록 하겠습니다."

이후 시장을 보는 10가지 기준을 가지고 자료를 정리해보았다. SWOT 분석도 진행했다. SWOT 분석은 강점Strength, 약점Weakness, 기회Opportunity, 위협Treat의 약자로, 평소에 많이 사용하는 도구라 별것 아니라고 생각했는데, 고객사에 대해서 함께 SWOT 분석을 진행해보니 예전에는 생각하지 못했던 많은 정보를 알 수 있었다.

주요 고객사에 대해서 정보를 확인하는 것만으로도 많은 시간이 걸렸지만, 이 작업을 하고 나니 왠지 시장을 정복하기 위한 많은 도구를 얻은 것 같은 느낌이 든다.

"이번 단계는 정보를 지혜로 바꾸는 단계입니다. 단순히 함께하는 시간 동안 작업을 같이 하는 것이 중요한 것은 아닙니다. 어떻게 시장을 공략할 것인지 인사이트insight를 얻는 것이 중요합니다. 작업 도중에 '아, 이 회사를 이렇게 공략해야겠구나. 이 방법을 써야겠구나.' 하는 생각이 들면 반드시 적어 놓으십시오. 그래야 그 방법을 모아서 실질적이고, 효과적인 계획을 세울 수 있습니다. 아시겠습니까?"

"네."

모두들 웃으며 대답을 한다. 이럴 때는 꼭 초등학생 같다.

그러고는 경쟁사 분석, 경쟁 인물 분석, 경쟁력 분석 등을 이어 나갔다. 전문적인 툴을 하나씩 설명하면서 거기에 맞게 분석작업을 해나갔다. 말 그대로 단순히 내용을 알아가기보다 '어떻게 하면 그 회사를 공략할 수 있을까?'에 초점을 맞춰 작업을 함께했다.

그러다 보니 생각지 않은 많은 것들이 떠오르기 시작했다. 경쟁사 분석을 하면서 우리가 어떤 부분을 공격해야 하고, 어떤 부분을 방어해야 하는지 생각했다. 또한 경쟁 인물을 분석하면서 누구를, 무엇을 가지고, 어떻게 공략해야 하는지도 고민했다. 그리고 경쟁력을 분석하면서 우리 회사의 어떤 제품을 가지고 접근해야 가장 효과적인지 그 힌트를, 아니 답을 얻을 수 있었다.

이 모든 생각을 꺼내놓고, 가능성을 따지는 시간을 가졌다. 고객사마다 어마어마한 생각이 쏟아져 나왔다. 내가 이 회사에서 근무한 지 20년 가까이 되는데, 한 회사를 공략할 때 이렇게 많은 방법을 가지고 고민한 적은 처음인 것 같다.

이후 고객사마다 목표를 정하는 방법과 계획 세우는 방법을 알려주었다. 각자 자신의 고객사에 대한 계획을 만들고, 공유하는 시간까지 가졌다. 창밖을 보니 벌써 깜깜해졌다.

"어느덧 마쳐야 할 시간이 되었습니다. 각자 오늘 어떤 것을 느끼고, 배웠는지 이야기를 나눠볼까요?"

"내년에 어떻게 해야 할지 정답을 얻은 느낌입니다."

이 차장이 가장 먼저 대답한다.

옆에 있던 김 대리가 말을 잇는다.

"처음에 여기 들어올 때는 많이 힘들 거라고 생각했는데, 오늘 하루가 금방 갔네요. 아주 재밌었습니다."

그다음은 강 차장.

"체계적으로 고객을 공략할 수 있는 방법을 알게 되어 좋았습니다. 특히, 오전에 개인의 강점을 알게 해주신 시간이 아주 좋았습니다. 감사합니다."

이후 박 대리, 막내의 소감이 이어졌다.

"마지막으로 팀장님 의견을 들어보겠습니다."

마무리 기회가 나에게 넘어온다.

"저는 오늘 진이 다 빠진 듯한 느낌입니다. 나쁜 의미가 아니고요. 모두가 집중했기에 오늘 하루 쓸 수 있는 에너지를 모두 소진한 듯합니다. 참 뿌듯하네요. 내년 한 해도 이렇게 전력을 다하고 싶습니다. 그리고 여러분도 그렇게 해주었으면 좋겠습니다. 그러면, 내년 말에는 이런 뿌듯함을 다 같이 느낄 수 있을 것입니다."

말을 마치자 팀원들이 박수를 쳐준다. 모두의 가슴 속에 작은 불씨가 당겨진 느낌이었다. 무엇보다 기쁜 것은 우리 팀이 어디로 가야 할지, 어떻게 가야 할지 목표와 방향을 찾은 것이다. 초점이 또렷하게 잡힌 느낌이다.

진정한 시작

이 차장을 불렀다. 소주 한잔하기로 했다. 워크숍이 끝나기 전에 장원이 형이 이야기해줬다. 한 명에게만 집중하라고. 여러 사람에게 에너지를 나눠 쓰는 것보다 한 사람에게 불을 붙인 뒤 옮겨가는 게 훨씬 쉽다고 했다. 같이 가서 도와달라고 하니, 그건 내 몫이라고 잘해보라고 했다.

그렇다면 누구를 첫 번째로 하는 게 좋을까 생각해봤다. 강 차장은 아직 조금 서먹하고, 밑에 직원들도 조금 그렇고, 아무리 생각해도 이 차장이 좋을 것 같았다.

"피곤하지 않으세요?"

이 차장이 묻는다.

"그래도 이런 날, 소주 한잔 딱 하고 들어가면 좋을 것 같아서….."

"저야 좋죠. 뭐." 하며 싱긋 웃는다.

저녁 7시가 조금 넘었는데 이미 사방은 캄캄하다. 길가의 간판 조명과 오가는 자동차의 전조등이 어둠을 밝히고 있다. 외투 앞쪽을 단단히 여미고 추운 밤거리를 빠른 걸음으로 옮긴다.

회사에서 조금 멀지만 그래도 목살로 유명한 고깃집으로 왔다. 단둘이 깊은 이야기를 나누려고 하니 이 집이 생각났다. 맛도 맛이지만, 회사 사람들 신경 쓸 필요 없이 이야기를 나눌 수 있어서다.

밑반찬이 나오고 고기가 올라간다. 이 차장의 잔에 소주를 채워준다. 이 차장도 술병을 받아 내 잔을 채운다. 가볍게 술잔을 부딪치고 한잔 마신다. 크…!

"오늘 어땠어?"

반응이 궁금하다.

"좋았어요. 재미도 있었고, 내년 사업계획 세운 것도 좋았고."

"그게 다야?"

"네."

뭔가 좀 아쉽다.

고기가 구워지고, 하루 종일 있었던 일에 대해서 이야기를 나눈다.

"오늘 강 차장이 적극적이던데?"

"네, 평소와 다르게 발표도 많이 하고 표정도 적극적이더라구요."

나만 그렇게 느낀 게 아니었다.

"김 대리는 더 재밌어진 것 같아."

"네, 코치님이 농담을 잘 받아주시니까 더 그런 것 같던데요. 쿵짝이 잘 맞으니까 더 재밌어하는 것 같더라구요."

"박 대리 봤니? 아주 얼굴에 웃음꽃이 폈더라. 하루 종일 꺄르르 꺄르르…. 올해 본 모습 중에 가장 행복해 보이던데….”

“나중에는 막내하고도 작업할 때 뭐가 좋은지 얼굴이 훤하더라구요.”

하루를 정리하며, 뭐가 좋았는지, 팀원들은 어떻게 보였는지 이야기를 나눈다. 이렇게 해보는 건 처음이었는데 효과가 좋았다며 다음에도 또 하면 좋을 것 같다는 이 차장의 평가까지.

한참을 수다를 떨었다. 남아 있는 소주를 마저 마시고 말을 한다.

“내가 말이야, 오늘 워크숍을 하고 나니까 하고 싶은 일이 생겼어.”

이 차장이 고개를 들어 쳐다본다.

“우리 팀 한번 잘 만들어보고 싶어. 내년에 마무리할 때쯤에는 가장 좋은 성과를 내서 성과급도 타고, 다 같이 성과보상 여행도 갔으면 좋겠어.”

진심이다.

“네, 그래야죠. 저도 그렇게 되었으면 좋겠어요.”

이 차장도 동의는 하지만, 정말 마음속에 불이 붙었는지는 모르겠다. 안 붙었다면 붙을 때까지 계속하면 되지 뭐. 오기도 생긴다. 점점 취해 가지만 기분은 좋다.

변화가 시작되다

주말을 잘 보내고 다시 월요일. 주간회의를 조금 뒤로 미루고 이 차장, 강 차장, 그리고 나 이렇게 셋이 모였다. 워크숍에서 받은 좋았던 느낌과 그때 세운 계획을 실천으로 옮기기 위해서는 우리 세 명의 역할이 중요할 것이라는 판단에서다. 오늘따라 두 사람의 얼굴이 더 밝아 보인다.

"주말엔 잘들 쉬었어?"

둘의 기분이 어떤지 묻고 싶다.

"저는 워크숍 때 피곤했었는지 집에 가서 바로 곯아 떨어져서 토요일 점심때까지 잤어요."

강 차장 앞이라 그런지 이 차장은 나와 둘이 했던 술자리 이야기는 하지 않는다.

"저도 간만에 편하게 쉬었습니다."

강 차장의 얼굴도 훤해 보인다.

"그동안은 안 편했어?"

나의 질문에 강 차장이 쑥스러운 듯 고개를 살짝 숙였다가 나를 보며 이야기한다.

"사실 저번 주에 워크숍 하기 전까지는 고민이 좀 많았어요. 지난번에 말씀하신 것처럼 이 팀에 와서 제가 제대로 한 것이 없잖아요. 팀장님이 많이 챙겨주시는데, 제가 만날 헛발질만 하고 있으니 얼마나 답답하셨겠어요. 그걸 잘 아는 만큼 저도 힘들더라고요. 제가 모시던 구 팀장님이 다른 회사 입사하신 거 아시죠? 구 팀장님께서 같이 해보자고 하셔서 어떻게 해야 하나 고민도 있었고요."

'내가 잘못 본 건 아니구나.'라는 생각이 든다.

"사실 워크숍 전까지만 해도 정리가 안 됐었거든요. 그런데 워크숍이 계기가 된 것 같아요. 서로의 장점에 대해 이야기하면서 예전의 저의 모습도 다시 떠올렸고, 내년 계획을 함께 세우면서 무엇을 해야 할지, 그리고 팀 내에서 각자 어떤 역할을 해야 할지 분명해진 것 같아서 힘도 나고, 열심히 해야겠다는 마음도 늘더라구요."

쑥스러운 듯 웃으면서 다시 고개를 숙인다.

"그래서 주말에 내린 결론이, 사람 따라 옮기느니 제가 잘할 수 있는 일을 처음 시작한 이 회사에서 승부를 걸어보자고 마음을 정했어요."

'그랬구나.' 하고 마음속으로 수긍했다.

"그렇게 말해주니 내가 다 고맙다. 그동안의 일은 잊고, 내년엔 우리 열심히 해보자."

손을 뻗어 강 차장의 어깨를 두드린다.

"이 차장도 잘 부탁해."

이 차장에게도 힘을 실어준다.

"아, 이거 제가 더 열심히 해야겠다는 마음이 드는데요?"

이 차장의 한마디에 마음이 놓인다. 왠지 잘될 것 같다는 느낌이 든다. 좋은 시작이다.

"그럼, 앞으로 어떻게 진행하는 것이 좋을까?"

강 차장이 바로 말을 받는다.

"워크숍 때 이야기한 강점 관련 실천사항은 제가 챙기도록 하겠습니다. 칭찬게시판은 제가 전산팀에 이야기해서 바로 만들라고 하겠습니다. 그리고 칭찬해주는 것과 선물 사주는 것도 제가 박 대리와 상의해서 진행하도록 하겠습니다."

"그럼, 난 뭘 하지?"

이 차장도 뭔가 거들고 싶어 한다.

"이 차장님은 열심히 칭찬해주세요."

강 차장이 미리 생각한 듯 대답한다.

"그러지 뭐. 흐흐."

또다시 웃음꽃이 핀다.

"내년도 목표 실천계획은 어떻게 하는 것이 좋을까?"

이번에는 이 차장을 먼저 쳐다본다. 이 차장도 고민을 했는지 바로 이야기가 이어진다.

"워크숍에서 실행계획까지 세우긴 했지만, 좀 더 구체화할 필요가 있을 것 같아요. 계획별로 일정도 잡고, 담당자도 정하고, 내용에 따라서는 좀 더 고민해야 할 부분도 있고요. 각 라인별로 정리해서 다시 이야기하면 어떨까요?"

"좋은 생각이야. 나도 큰 틀은 잡혔지만, 세부적으로는 좀 더 들여다보고 결정해야겠다고 생각했었거든…."

이 차장의 말을 받아준다.

"언제까지 만들어서 결정하면 좋을까요?"

강 차장이 적극적으로 변했다.

"1주일 정도면 되지 않을까? 다음 주 이 시간에 다시 확인하는 걸로…."

"팀장님, 그때는 우리 팀원들이 다 모여서 이야기하는 게 좋을까요? 아니면 이렇게 셋이 이야기하는 걸로 할까요?"

잠시 고민이 된다.

"일단, 우리 셋이 모이자. 라인별로 이 차장과 강 차장이 서로 이야기 나누고 결론 내 와. 그리고 조율할 것이 있으면 확인하고, 결정하자."

이제 차장들에게도 책임감을 심어줘야겠다는 생각이었다.

"네, 그렇게 하겠습니다!"

두 차장의 목소리에 힘이 들어간다.

"그래, 그럼 다음 주에 이야기하자!"

나도 힘을 주어 이야기를 마치고 일어난다. 다이어리를 챙기고 일어나면서 이렇게 기쁠 수가 없다. 이것이 일하는 맛이리라. 어떤 어려움이 있더라도 이 기세라면 뚫고 나갈 수 있을 것이라는 확신이 든다.

12

피드백과 워밍업

해도 뜨지 않은 컴컴한 새벽, 운동을 하러 걸어간다. 평소 같으면 일어나기도 싫었겠지만 오늘은 다르다. 어제는 오전회의 때문에 운동하러 못 왔는데 오늘은 형에게 워크숍 진행을 잘해줘서 고맙다는 이야기를 하고 싶다. 그리고 어제 차장들과 나눴던 대화도 전하고 싶다. 목도리로 얼굴을 칭칭 감았지만 새벽바람은 유난히 차다.

헬스클럽이 있는 건물에 도착해 엘리베이터를 타고 내려가, 인포메이션 앞에서 회원카드를 내고 키를 받는다.

"형식아."

뒤에서 부르는 소리가 난다.

"어, 형!"

반갑다. 오늘은 내가 먼저 왔다. '그만큼 내가 빨리 오고 싶었구나.' 하는 생각이 든다. 가볍게 손을 잡아 인사를 대신한다. 라커키, 운동복과 수건을 받아 들고 탈의실로 향한다.

"고마워, 형. 덕분에 워크숍도 잘 마치고, 팀 분위기도 아주 좋아졌어."

"어, 그래? 잘되었다고 하니까 나도 기분이 좋은데?"

행복한 아빠미소가 보인다.

"어제는 이 차장, 강 차장과 피드백 미팅을 했거든…. 강 차장이 칭찬 게시판 제작과 관리를 책임지고 하기로 했어."

"잘됐네."

목소리에 힘이 들어 있다.

"어제 들어보니까 강 차장이 고민이 많았더구만…. 그래도 워크숍을 계기로 열심히 해보기로 했대…. 난 그 친구가 그렇게 적극적으로 나올 지 몰랐어. 놀랍기까지 하더라고."

정말 그랬다.

"그것 봐. 그 친구가 잘못된 게 아니라 환경이나 다른 이유 때문에 열심히 할 기회를 못 얻은 거야. 사람들은 다 비슷해. 결국 리더는 직원들을 탓할 것이 아니라 누구든 열심히 일할 수 있는 환경을 만들어주는 것이 중요한 거야."

"맞아, 형 말이…. 어제 두 차장들과 이야기해보니까 무슨 이야기인 줄 알 것 같아."

구두를 벗어 들고, 라커 번호를 찾아 들어간다. 형은 내 바로 옆의 옆 칸이다. 라커 안에 신발을 집어넣고 옷을 갈아입기 시작한다.

"이제 뭘 해야 하지?"

잘하고 싶은 생각이 든다. 형은 코트를 벗어 옷걸이에 걸면서 나를 본다.

"넌 뭘 해야 할 것 같아?"

고민된다. 왠지 직원들이 하는 행동에 대해서 잘 이야기해야 할 것 같다. 문득 얼마 전에 고객사에 들어갔다가 이 차장과 김 대리가 삐친 것이 생각난다. 물론 이번 워크숍 이후로 자연스럽게 풀린 것 같지만 여러 번 발생했던 문제다. 일하면서 직원들이 뭔가 준비하는 데, 미리 이야기하면 내가 나서는 것 같고, 일이 끝나고 뭐라고 하자니 뒷북치는 것 같았다.

그리고 사실 김 대리나 박 대리에게는 편하게 말할 수 있는데, 왠지 강 차장이나 이 차장에게 일 얘기할 때는 조심스러웠다. 그래서 말을 하려고 하다가 그냥 넘어간 경우도 여러 번 있었다.

"직원들이 일하는 것에 대해서 내가 좀…, 이야기를 잘 해줘야 할 것 같아."

"그렇지. 직원들이 일할 때 어떻게 피드백 해주느냐는 일의 성과와 팀의 미래에 굉장히 중요한 부분이야."

주제는 잘 고른 것 같다.

"내가 한다고는 하는데 그게 쉽지가 않더라고…. 팀원에게 피드백을 해줬는데 내 말대로 안 하면 더 열 받게 되고…."

"크크, 그렇지…. 그래서 우리나라 리더들을 보면 보통 두 가지 모습을 보여. 피드백을 너무 독하게 해서 팀원들의 기를 완전히 죽여버리거나…, 아니면 피드백을 아예 하지 않아서 성장의 기회를 없애버리지. 그 중간에서 적절히 잘하는 리더 찾기가 쉽지 않아."

나만 어려운 게 아닌 것 같다.

"피드백도 잘하는 방법이 있어?"

"있지."

형은 대답을 해놓고서 운동복을 입기 시작한다.

"3가지만 생각하면 돼."

"3가지가 뭐야?"

"첫 번째는 사실을 가지고 이야기해야 돼. 사람들은 누구나 싫은 소리 듣는 거 싫어하잖아. 그냥 느낌만 가지고 이야기를 하면, '저 사람이 내가 싫어서 저러는 것 아니야?' 하고 오해를 할 수 있어. 그런데 실제로 보여준 행동을 가지고 이야기를 하면 사실이니까 인정할 수밖에 없지. 또 리더 스스로도 사실을 가지고 이야기하려고 하면 아무래도 팀원을 좀 더 열심히 관찰할 수밖에 없고…."

"오케이, 첫 번째는 사실을 가지고 이야기하는 것! 두 번째는?"

"두 번째는 그 일의 의미를 설명하는 거야. 팀원의 입장에서 봤을 때 별것도 아닌 일을 가지고 뭐라고 하면 짜증이 날 수도 있고, 그 일은 실천의 우선순위에서 밀릴 수도 있어. 네가 직원의 행동변화를 기대한다면, 그 일이 얼마나 중요한 일인지 설명해주어야 해. 예를 들어 지각한 것 가지고 뭐라고 한다면 직원은 '고작 10분 늦은 것을 가지고 왜 이러나?' 하고 생각할 수도 있겠지. 하지만, '네가 약속을 지키는 것은 모든 비즈니스의 기본이다. 그것은 사람에 대한 신뢰와 평판을 결정짓기 때문에 지각을 하면 직장인으로서 성공하기 어렵다.'고 설명한다면 그 의미를 알고 '정말 중요한 것이니까 다음부터는 꼭 지켜야겠구나.'라고 생각할 수 있지."

"두 번째는 의미! 마지막은?"

"마지막은 방법. 리더들이 자주 하는 실수가, 본인이 신입이었거나 직급이 낮았을 때 생각은 안 하고 다들 자기 수준이라고 착각하는 거야. 그러니까 대충 이야기하고 끝내. 다 알아들을 거라고 생각하고. 그러다 보면 방법을 모르는 직원들은 어떻게 해야 할지 모르고 당황하게 돼. 그리고 그 방법을 찾느라 시간 다 보내고. 일에 따라서 실행방법을 확인한 후 적절히 계획을 세워서 관리해야 하는데, 그런 작업들을 하지 않으니 일이 구체적으로 진행이 되지 않는 거야. 따라서 마지막으로 중요한 것은 일할 때 어떻게 할 것인지에 대한 명확한 방법."

"아…, 그러면 3가지가 사실·의미·방법이구나…."

"그렇지, 이 3가지 기준을 가지고 피드백을 해주면 내용이 명확해져. 너도 한번 이렇게 해봐."

"오케이. 나도 이 기준으로 해봐야겠어."

사실·의미·방법. 이 3가지를 머릿속으로 기억하며 체육관으로 걸어 들어간다.

마음의 워밍업

거울 앞에 가서 선다. 깍지를 끼고 위로 쭉 뻗어 스트레칭을 한다. 왼쪽, 오른쪽…. 형도 옆에서 발목을 돌리며 몸을 푼다.

"형, 운동을 할 때는 몸을 잘 풀어야 한대. 그래야 몸에 무리가 안 가고 부상도 막을 수 있다고 하더라고."

체육관 안이 따듯해도 이른 아침이니 조심해야겠다는 생각이 든다. 사실 젊었을 때는 이런 생각을 안 했는데, 40대 중반 이후로는 몸의 노화가 느껴진다.

"맞아. 워밍업을 잘해야 몸도 제 실력을 발휘하게 되어 있지."

거울에 비친 형의 모습을 보니, 나보다 훨씬 균형 잡혀 있는 것 같고 스트레칭도 체계적으로 하는 것 같다.

"형은 어떻게 스트레칭도 이렇게 잘하냐? 운동을 오래 해서 그런가?"

나이는 나보다 세 살 위인데 몸은 훨씬 더 싱싱해 보인다.

"크, 나도 헬스 시작한 지는 얼마 안 됐어. 대신 스트레칭은 여기 코치한테 따로 좀 배웠지."

"스트레칭을 따로 배워? 몸 만드는 걸 배우면 모를까?"

말을 하고는 가슴에 힘을 주며 거울을 바라본다.

"네가 뭘 모르는구나. 뭐든 성과를 잘 만들려면 앞서 몸을 잘 풀어야 하는 거야…."

"뭐든?"

무슨 말인지 아직 잘 모르겠다.

"그럼. 운동도 스트레칭이 중요한 것처럼, 비즈니스도 똑같아."

뭔가 알고 있다는 표정이다.

"비즈니스에 스트레칭이 도대체 어디에 필요하다는 거야?"

"사람과 관련된 데는 다 필요하지…."

"아니, 일하기 전에 같이 몸 풀기라도 하고 들어가란 말이야?"

"흐흐, 그 이야기가 아니라 사람과 이야기할 때도 몸 풀기를 하는 것처럼, 마음의 워밍업이 필요하다는 이야기지."

"마음의 워밍업?"

"그래…. 우리가 일을 할 때 상대방과 이야기하는 걸 잘 살펴보면, 만나자마자 바로 업무 이야기만 하고 딱 끝내는 경우가 있잖아. 그런 경우 생각해온 이야기는 전달할 수 있겠지만, 상대의 속내를 끌어낼 수는 없어. 또한 업무 이야기만으로는 헌신적인 행동을 기대하기도 어렵지. 관계에도 도움 되는 게 없고…."

"구체적으로 이야기해줘 봐."

"회의할 때도 마찬가지야. 시간을 효율적으로 쓰기 위해서 곧바로 주제로 들어가는 경우가 있잖아. 그런데 발동이 걸리지 않은 상태에서 이런 식으로 회의를 하게 되면, 말하는 사람만 계속 말하고 끝나는 경우가 많아."

"회의 이야기를 하니 무슨 말인지 알 것 같네."

"초반에 서로 편하게 할 수 있는 이야기나 재미있는 이야기를 나누면서 먼저 마음을 좀 풀어봐. 그러면 그 시간에 함께하는 사람들의 집중력도 올라가고, 결과도 좋아질 거야."

"그럼, 회의 시작 전에 농담하는 게 나쁜 게 아니네."

"그렇지. 편하게 말할 수 있는 분위기를 만들어주고, 돌아가면서 자기 이야기도 하게 되면, 아무래도 머리도, 마음도 풀리게 되니까 진짜로 해야 하는 이야기를 할 수 있는 거지. 그리고 서로 마음이 좀 맞추어진 상태에서 이야기를 하니까 좀 과한 이야기들이 오가더라도 서로 받아들일 수 있는 거고."

"아이고, 오늘은 몸 풀다가도 배우네…."

형을 바라보며 이제 안쪽으로 들어가자며 내가 앞서 걷는다. 형도 걸어오면서 이야기를 건넨다.

"성공하는 사람, 아니 성장하는 사람들에게는 비슷한 모습이 있는 것 같아."

"그게 뭔데?"

갑자기 궁금해졌다.

"배우려는 태도."

"배우려는 태도?"

"응, 성장하는 사람은 어떤 상황, 어떤 일을 할 때도 배우려는 자세로 다가서더라고. 그러다 보니 그 사람이 아무리 직급이 높고 경험이 많더라도, 무슨 일이든지 그 일을 할 때 얻는 것이 있어. 그러니 지속적으로 성장할 수 있는 거고…."

"갑자기 찔리네…."

진심이다. 사실 20년 가까이 일을 하고, 회사에서도 부장님 소리를 듣다 보니까 '이 바닥에서 알 것은 다 안다.'고 생각했다. '언제부턴가 성장이 멈춰졌던 것이 이런 태도 때문이 아닐까?'라는 생각이 든다.

그때 형이 내 어깨를 감싸며 말한다.

"넌 잘하고 있어. 내 눈엔 보여. 넌 더 잘될 거야."

이 한마디가 나의 마음을 뜨겁게 만들어준다.

수준에 맞게 가르쳐주는 것이 핵심

스트레칭을 하고 러닝머신에서 함께 뛰었다. 몸에서 땀이 나자 형은 역기를 든다. 나는 아침부터 이렇게 힘쓰기는 싫다. 필드에 나갈 것을 대비해서 골프연습을 하러 간다.

7번 아이언을 들고 타석에 들어서 스윙을 하며 자세를 잡는다. 바닥에서 올라온 골프공을 향해 채를 휘두른다. 퍽 하는 소리가 울리며 목표로 했던 7번 깃발 그림을 맞고 떨어진다. 이렇게 연습장에서는 잘 맞는데, 문제는 필드에 나가면 슬라이스가 너무 자주 난다는 점이다.

"안녕하세요?"

지나가던 골프코치가 인사를 건넨다. 회원 등록할 때부터 인사를 한 사이다.

"네, 안녕하세요?"

반갑게 인사를 나눈다. 나이가 있으신 분이라 좀 더 친절하게 인사하게 된다. 공을 몇 개 더 친다. 뒤에서 지켜보는 코치의 시선이 느껴진다.

"제가 여기서는 괜찮은데, 필드에만 나가면 자꾸 슬라이스가 나네요. 어떻게 하면 좋을까요?"

"네, 한번 쳐보세요. 제가 좀 봐드리겠습니다."

펑, 퍽, 펑…. 몇 번을 더 치는데 별 이야기가 없다. '너무 못 치나?'라는 생각도 들고, 누군가 쳐다보고 있는데 스윙을 하려니 몸에 더 힘이 들어가는 것 같다.

"제가 손이 자꾸 열리나요?"

그동안 들은 조언에 의하면 공이 맞을 때 채가 정확하게 맞지 않고 열린 상태에서 맞기 때문에 바깥쪽으로 휘는 슬라이스가 난다고 알고 있었다. 이 부분을 지적할 줄 알았는데, 골프코치는 계속해서 그저 지켜보고만 있기에 내가 먼저 이야기를 한 것이다. 말을 안 해주니 먼저 말하고, 정확히 맞추는 연습을 할 생각이었다.

"몇 개만 더 쳐보시겠어요?"

가르쳐줄 생각은 안 하고 다시 쳐보란다. 속으로 '혹시 잘 몰라서 그러는 것 아닌가?'라는 생각이 든다. 몇 개 더 치다가 내가 먼저 쳐다본다. 그러자 골프코치는 천천히 입을 연다.

"제가 볼 때 손의 문제는 아닌 것 같네요."

"그럼요?"

예상과 다른 대답이 나오니 진짜 그런가 싶다.

"몸에 힘이 너무 많이 들어가는 게 문제네요."

잘 이해가 되지 않는다. 하지만 방금 전에 마음속에 새긴 '배우려는 자세'가 떠오른다.

"몸에 힘이 들어가는 것과 슬라이스와는 어떤 관계가 있는 건가요?"

"힘으로만 치려고 하니까 스윙 궤적이 일정하지가 않아요. 그리고 손목은 저도 봤는데 움직임이 크지 않더군요. 오히려 스윙 궤적 자체가 오른쪽으로 향해 있기 때문에 자꾸 오른쪽으로 휘는 겁니다."

"그런데 힘을 빼는 게 쉽지가 않은 것 같아요. 힘 빼는 데 10년 걸린다고 하잖아요."

변명이기도 했고, 사실 골프 칠 때는 좀 더 멀리 나가는 게 중요하다는 생각도 있었다.

"어떻게 하면 힘을 뺄 수 있을 것 같아요?"

골프코치의 갑작스런 질문이다.

"글쎄요…. 사실 그동안 힘을 빼면 공이 안 나가서 그 부분은 별로 고민을 안 했는데…."

변명 같지만 진짜로 그랬다.

"양궁이나 활 쏘는 것 보신 적 있나요?"

"TV에서는 몇 번 봤지요."

뜬금없이 활 이야기는 왜 꺼내나 싶다.

"지금부터 공을 치실 때 활을 쏜다는 느낌으로 한번 쳐보세요. 백스윙을 할 때는 활을 잡아당기듯이 골프채 헤드를 끝까지 몸을 틀어 잡아당겨보시고, 그 정점에서는 화살을 놓듯 몸을 풀어보세요."

비유를 들어주니 무슨 말인지 이해가 된다. 편하게 골프채를 뒤로 쫙 뽑아서 갈 수 있는 데까지 올렸다가 화살을 놓아주듯 몸을 놓아주니 자연스럽게 몸이 돌아가면서 스윙이 된다. '빵' 하고 제대로 맞은 소리가 난다. 신기해서 몇 번 더 해보니 한두 개 빗맞는 게 나온다.

"공을 좀 더 정확하게 보세요. 활을 쏘듯 목표에 집중하세요."

다시 몸을 끝까지 튼 후, 순간 풀어주듯 자연스럽게 스윙을 하니, 다시 빵, 빵 하며 시원스레 맞아 나간다. 소리가 골프장 전체를 울리는 듯하다.

"오, 이거 신기한데요. 어떻게 이렇게 잘 가르쳐주세요?"

미소 띤 얼굴로 말한다.

"자세히 보면 보이지요. 진짜 문제를 해결해야 많은 것이 풀립니다."

낮는 말이다. 일할 때도 마찬가지다.

"진짜 문제만 찾으면 되는 건가요?"

"아니요, 상대방의 수준에 맞게 알려주는 것이 핵심이죠."

"상대의 수준에 맞춘다는 게 어떤 의미인가요?"

"회원님 같이 많이 아시는 분께는 핵심만 알려드리고요. 처음 오신 분들은 하나하나 방법을 자세히 알려드려야 해요. 그래야 즐겁게 배우세요."

깨달음이 있다. 잘 아는 사람은 핵심만 알려줘서 스스로 답을 찾게 만들어야 재미가 있고, 아예 모르는 사람에게는 구체적으로 설명해줘야 무슨 말인지 이해할 수 있다.

"코치님 덕분에 오늘 좋은 것 배웠습니다."

진심으로 인사를 건넨다. 골프코치의 표정 속에도 행복함이 보인다. 상대방의 눈높이에 맞게 알려줘야 한다는 것이 어떤 의미인지 배운 아침이다.

13

드디어 불이 붙다

하루가 어떻게 지나가는지 모르겠다. 그리고 1년이라는 시간도 너무 빨리 지나간다. 새해를 시작한 것도 엊그제 같은데 벌써 12월이라니⋯. 올해 회사 매출이 목표치에 밑돌아서 거창하게 송년회를 할 분위기는 아니다. 모두 함께 한잔해야겠지만 오늘은 특별히 김 대리와 박 대리 둘만 데리고 한잔하기로 했다. 이 차장과 강 차장은 어느 정도 분위기를 탄 것 같고, 다음 차례는 김 대리와 박 대리라는 판단에서다. 특히 이 두 사람은 우리 팀의 허리를 맡고 있는 친구들이니 이들이 어떻게 해주느냐에 따라 내년 우리 팀 매출의 승패가 달려 있으리라.

좋은 장소를 잡으라고 하니 박 대리가 회사 근처 이자카야를 예약했다. 약간은 어두운 공간에 셋이 자리를 잡고 앉았다. 주문은 박 대리에게 맡기고 편하게 이야기를 시작한다.

김 대리에게 장가는 언제 갈 거냐고 물어보니 내년에는 할 생각이란

다. 지난번에 물었을 때는 한참 빼더니만 이렇게 대답을 하는 걸 보니 뭔가 진전이 있었던 모양이다. 박 대리에게 남자친구가 있는지 물어보니 소개팅은 한다고 하는데, 딱히 남자친구는 없는 듯하다. 주문한 오뎅탕과 김이 모락모락 올라오는 돼지고기 숙주볶음이 나왔다. 술을 한 잔씩 따라주고 건배를 한다. 한참을 이야기하다 보니 자연스레 회사 이야기가 나온다.

"회사에서 일하는 데 어려운 건 없니?"

"사실 우리 회사는 서류 작업이 너무 많은 것 같아요. 밖에서 영업하기도 바쁜데 돌아오면 기획팀에서 해달라는 서류가 너무 많아요. 서류 작업 하다 보면 매일 야근이고, 어떤 때는 그것 때문에 하루 종일 자리에 앉아서 그 작업만 하게 된다니까요."

김 대리가 물꼬를 트자 박 대리가 받는다.

"맞아요. 그 서류 작업만 안 해도 영업매출이 30%는 더 올라갈 걸요."

속으로는 '나도 그래.'라는 말을 해주고 싶었지만, 30%라는 말을 들으니 생각이 달라진다.

"그 정도야?"

"네, 팀장님께는 직접적으로 메일이 안 가니 잘 모르시겠지만, 올해 매출이 안 나와서 그런지 시키는 게 더 많아요. 또 요청하는 일을 보면 본부 팀끼리 공유해도 될 걸 기획팀에서 저희에게 미루는 것도 많고, 마케팅팀에서 했던 일을 또 하는 경우도 엄청 많아요."

이것만 덜어줘도 생산성이 많이 올라갈 거라는 생각이 든다.

"그럼, 둘이 이야기해서 어떤 작업을 없애는 것이 좋은지 나한테 이야기해줘. 그럼 내가 기획팀이나 마케팅팀에 이야기해서 효과적으로 줄일 수 있도록 해볼게. 그리고 우리 팀 서류 작업 중에서도 불필요한 것들은 없애도록 하자."

"네, 기존에 기획팀과 마케팅팀이 매주 요청하는 작업만 안 해도…. 어휴…, 다른 서류도 너무 많아요. 제가 박 대리하고 정리해서 말씀드릴게요."

김 대리 표정이 확 살아난다.

"그리고, 뭐 내가 또 도와줄 게 없니?"

다시 술을 한 잔 건네주며 물어본다. 두 손으로 받는 김 대리, 한 모금 살짝 마시고는 잔을 내려놓고 내 잔에 술을 따른다. 얼굴을 보면 할 말이 있는데 뭔가 주저하는 것 같다.

"박 대리, 김 대리한테 내가 뭘 도와주면 좋을 것 같아?"

슬쩍 눈치를 보더니 말을 한다.

"팀장님, 김 대리 독립시켜주시면 잘할 것 같아요."

"독립?"

김 대리 얼굴을 살펴본다. 살짝 빨개진 얼굴이다.

"아, 제가 이 차장님이 잘 안 해주셔서 그런 건 아니구요. 저도 이제 대리 된 지도 좀 되었고 해서, 혼자 해보면 어떨까 하고 전에 박 대리한테 한번 말했었는데 그걸 기억하고 그러는 거에요. 아니에요. 괜찮습니다."

생각해보니 그렇다. 박 대리는 작은 클라이언트이긴 하지만 독립적으로 일하는데, 김 대리는 아니다. 아무래도 이 차장이 큰 고객사를 담당하다 보니 김 대리는 그 밑에서 항상 보조하는 역할만 맡아왔다.

"김 대리, 대리 된 지 얼마나 됐지?"

"2년차입니다."

"아, 그럼 독립할 때가 지났네…."

말해놓고 보니 정말 그렇다. 이 차장과 나눠서 고객사를 맡으면 책임 소재도 분명해질 것 같고, 좀 더 뛸 수 있는 여지가 있을 것 같다.

술잔을 들며 이야기한다.

"김 대리, 내년에는 독립해서 해보자. 한번 입봉해서 너의 실력을 보여 봐."

박 대리가 더 기쁜 목소리로 "오~." 하며 분위기를 살린다.

셋이서 기분 좋게 술을 한잔 마신다.

"박 대리는 내가 뭐 도와줄 건 없니?"

"전 괜찮아요. 팀장님. 언제나 잘 챙겨주셔서 만족하고 있어요."

둘 다 자기 이야기를 하는 것은 어색한 모양이다.

"김 대리, 박 대리는 내가 어떻게 해주면 좋겠어?"

"음…. 박 대리는 그냥 놔두시면 될 것 같습니다. 크크."

같이 한바탕 웃었다. 잠시 후 말을 덧붙인다.

"그런데, 저번에 달력 한가득 챙겨서 낑낑거리면서 고객사 도는 것을 보니까, 누가 좀 도와주면 좋겠다는 생각은 합니다."

"네가 좀 도와주지 그래?"

"흐흐, 저도 제 고객사 챙기느라…."

아유, 이 뺀질이….

"그래, 알았어. 나도 박 대리를 어떻게 도와주면 좋을지 생각해볼게."

"팀장님, 저는 안 챙겨주셔도 돼요. 괜찮아요."

"아이고, 이러니까 내가 더 안 챙겨줄 수가 없네. 자…, 짠!"

워크숍 이후에 참 많은 이야기를 나눴다. 개인적으로도 라인별로도. 오늘에야 어느 정도 달구어진 느낌이다. 조금만 더 힘을 주면 끓어오를 듯하다.

한번 해보겠다는 마음가짐

이 차장과 강 차장, 두 차장과 시간 날 때마다 회의를 했다. 라인별로 세운 계획은 정리가 되었다. 우리 팀의 목표도 보고를 마쳤다. 팀 차원에서 전체 계획을 공유하고, 출발점이 필요하다는 판단이 들었다. 그 사이 한 해가 저물었고, 새해가 밝았다.

새해 첫 월요일 아침, 모든 팀원이 회의실에 모였다.

"오늘따라 다들 얼굴이 좋아 보이네."

다들 밝아 보인다. 연휴를 어떻게 보냈는지 편하게 이야기를 나눈다. 마음의 워밍업이 중요하다는 것을 배웠으니까 제대로 실천해본다.

"우리 팀 칭찬게시판이 오늘 아침에 오픈되었다고 강 차장한테 들었어. 우리 회사 전산팀하고 일하는 것이 만만치 않다는 건 모두가 다 아는 사실인데, 이렇게 빨리 만들어낸 걸 보면 강 차장이 얼마나 고생했는지 알 수 있겠지? 자, 우리 모두 고생한 강 차장을 위해서 박수 한번 쳐주자고…. 박수!"

"와!" 하는 함성과 함께 모두 박수를 쳐준다.

강 자장은 쑥스러운지 얼굴이 살짝 달아올랐다.

"사실 저는 전산팀 공 차장한테 부탁 한 번 한 게 전부고요. 모든 실무는 박 대리가 다 처리했습니다. 저에게 이렇게 박수를 쳐주시니, 쑥스럽네요."

내가 바로 말을 받는다.

"그럼, 우리 모두 박 대리에게도 박수 한번 쳐줄까?"

이번에도 "우와!" 하는 함성과 함께 뜨거운 박수를 쳐준다. 박 대리의 표정도 밝게 살아난다.

"저도 주호 씨 도움을 많이 받았어요. 전산팀과의 회의에도 함께 참석했구요."

박 대리가 나를 쳐다본다.

"그럼, 이번엔 막내 주호를 위해서도."

이젠 박수가 자동이다. 말이 나온 김에 박수와 함성을 주도한 김 대리에게도 고마움을, 그리고 오늘 회의까지 올해 영업목표 계수를 잘 조율한 이 차장을 위해서도 박수를 쳐줬다. 다들 얼굴에 차오르는 기쁨이 역력하다.

"자, 그럼 라인별로 올해 계획을 들어볼까?"

이 차장이 스타트를 끊는다. 계획은 문제가 없어 보인다.

"이 차장, 잘할 수 있겠어?"

"네, 올해는 꼭 결과로 말씀드리겠습니다."

말 속에 확신이 느껴진다.

강 차장 라인의 발표도 듣는다. 성격 그대로 꼼꼼하다.

"지난번보다 목표계수가 높네?"

오히려 이 차장 쪽보다 더 큰 목표를 가지고 왔다.

"이제 주호 씨도 제 역할을 할 수 있을 것 같고, 저나 박 대리도 도전할 만한 목표라 생각하고 수정했습니다."

사실 그 전까지만 해도 목표를 설정해오면 숫자를 올리려고 싸우는 일이 다반사였는데, 워크숍에서 회사와 팀, 개인의 비전을 명확하게 잡아서 그런지 다들 도전적인 목표를 잡아왔다. 이 목표액은 회사에서 내려온 목표치보다 조금 더 높았다.

이 차장과 강 차장은 경험이 많으니 목표 확인만으로 되었고, 막내가 잘할 수 있을까 싶다.

"주호는 이 목표를 맞출 수 있겠어? 구체적인 방법에 대해서 한번 설명해볼까?"

막내의 설명을 열심히 듣는다. 자세히 보려고, 자세히 들으려고 집중한다. 어떤 의미로 말하는지, 올곧이 집중해서 들으니 어떤 부분이 비어 있는지 알 것 같다.

"주호가 열심히 하려는 게 정말 좋다. 하지만 더 성장하기 위해서는 배우려는 자세가 중요해. 함께 일하는 강 차장이 기획서의 달인이니까 기획서 작성은 강 차장에게 배우도록 하고, 박 대리가 고객응대는 잘하니까 한 3개월 정도는 박 대리와 같이 동행방문 다니면서 배우도록 해."

이 말을 마치자 주호의 얼굴이 더 살아난다. 어려운 숙제를 덜어낸 느낌이 얼굴에 확연하다.

둘이 같이 다니면 힘쓰는 건 박 대리를 도와줄 수도 있고, 또 배우는 것도 많을 것이다.

"박 대리, 주호와 함께 다니면서 많이 가르쳐줘, 알겠지?"

"넵!"

왠지 웃음을 머금은 대답 속에 누군가의 선임이 되었다는 뿌듯함과 책임감이 느껴진다.

김 대리와 박 대리에게 실천방안에 대해 듣는다. 대리니까 방법까지 구체적으로 물을 건 없을 것 같아 자신들이 해야 하는 목표와 그것이 갖는 의미에 대해 물었다.

박 대리가 먼저 대답한다.

"전에는 회사에서 던져주는 목표라 사실은 '회사 목표 따로, 저의 목표 따로'라는 생각을 했었는데 올해는 좀 다른 것 같아요. 처음부터 우리가 잡은 목표라서 그런지 왠지 더 잘해보고 싶고, 잘할 수 있을 것 같아요."

어쩌면 이 점이 이번 워크숍에서 거둔 가장 큰 성과가 아닌가 싶다.

"저는 사실 그동안 많이 뺀질거리고, 도전다운 도전은 안 해본 것 같아요. 하지만, 이번에는 뭔가 달라져야겠다는 생각을 했습니다. 올해는 책임감을 많이 느낍니다. 팀장님과 이 차장님이 배려해주셔서 올해부터 독립하게 되었는데 잘해보고 싶습니다. 결혼도 해야 하고…. 흐흐, 제가 우리 팀의 허리인데, 허리가 제 역할을 해야 팀이 살아나겠죠? 제가 중간에서 열심히 뛰겠습니다."

김 대리의 이야기에 모두들 "우와!"라는 탄성과 함께 박수를 친다.

참 묘한 게 한번 해보겠다는 마음가짐으로 임해서 그런지 모두들 적극적이다.

"오늘 대화를 들으니 무척 고맙고 든든하네. 나도 여러분이 이렇게 열심히 뛰는데 부끄럽지 않도록 앞에서 열심히 달리도록 할게. 올 한 해 우리 모두 타인과 경쟁하기보다 자신과의 경쟁에서 이기는 한 해가 되도록 하자. 그런 의미에서 우리 모두 '파이팅!' 외치면서 회의를 마치도록 할까?"

"자, 다 같이 하나, 둘, 셋…, 파이팅!"

"파이팅!"

우렁찬 목소리로 한 해가 시작되었고, 우리 팀은 이렇게 점화되었다.

작전지도

회의를 끝내고 자리로 돌아왔다. 다들 적극적으로 해보려고 하는데, 내가 제대로 역할을 하려면 정신을 바짝 차려야 할 것 같다. 이면지 묶음을 펼쳐놓고 끄적거리기 시작한다. 나의 역할이라고 왼쪽 위에 적고 동그라미를 친다. 그리고 한참 고민한다. 과연 이 팀에서 내가 어떤 역할을 해야 할까?

고민 끝에 '업무 방향성 제시', '영업 지원', '직원 육성'이라고 세 줄을 적었다. 원래는 '영업 전략 수립'이라고 할까 하다가 올해 목표와 전략은 다 수립되었으니까 각 라인과 개인별로 진행되는 영업 전략에 있어 어느 쪽으로 가야 할지 조율해주고, 나아갈 방향을 알려줘야겠다는 생각으로 '업무 방향성 제시'라고 정했다.

'영업 지원'은 큰 거래처의 경우, 거래처 임원이나 팀장급을 맡아서 영업 지원을 해주고 리드해야 한다. 그런데 내가 너무 앞에서 리드하면 팀원들이 지금 가지고 있는 '한번 해보려는 마음'을 반감시킬 것 같아 우선은 '영업 지원'이라고 적었다. 하지만 경우에 따라서는 내가 앞장서서 이끌고, 클로징해야 하는 것도 있을 것이다.

'직원 육성'은 작년 말부터 느껴온 부분이다. 스스로 고민하고 성장하다 보니까 일을 좀 더 생산성 있게 할 수 있음을 알게 되었다. 결국 팀원들도 능력이 향상되면 우리 팀이 이루어낼 수 있는 매출이 올라갈 것이다. 또한 조금씩 성장하면 보람도 생기고 일의 재미도 느낀다. 이 즐거움을 팀원들에게도 알려주고 싶다.

종이를 한 장 넘긴다. '이 차장'이라고 적고 동그라미를 친다. 무엇부터 어떻게 도와주어야 할지 고민이 된다.

'영업 지원'.

이 차장이 사람은 좋은데 업무의 클로징이 잘 안 된다. 작년부터 관리해오던 고객사들이 여럿 있으니 이 부분에서 결과가 나오도록 해야겠다. 영업맨은 결국 매출이 나와야 자신감이 생긴다. 이 차장에게 자신감을 심어주는 것은 팀의 전체적인 분위기에도 큰 영향을 끼칠 것이다. 또한 대형 고객사들이 많으니 매출 비중도 크다.

'강 차장'이라고 적고 밑줄을 긋는다. 지난번 워크숍 이후 적극적인 모습이 보기 좋다. 힘을 실어줄 타이밍이라는 생각이 든다. 하지만 지금 진행하고 있는 고객사에 내가 관여하게 되면, 오히려 강 차장이 기울인 노력의 가치가 희석될 수 있다. 매출 성과가 나오기를 조금 더 기다려주고 결과가 나오면 그것을 인정해주는 섯이 더 효과적이리라. 결과가 나오기 전까지는 현재 진행하고 있는 우리 팀 캠페인의 노력에 대해서 더 칭찬해 줘야겠다.

'waiting', '팀 업무 인정'

다시 한 장을 넘긴다. 올해부터 독립하기로 한 김 대리.

그동안 이 차장이 맡아서 리드해주기를 기대했지만, 원하는 만큼 해주질 못했다. 오히려 이 차장이 김 대리에게 휘둘리는 느낌? 어차피 매출은 각자 내야 하는 것이고, 김 대리하고 약속한 부분도 있으니 혼자서도 잘할 수 있도록 도와줘야겠다. 처음이라 혼자 처리하는 일들 중에서 어려워하는 부분이 있을 테니 이 점은 내가 직접 가르쳐주고 지원해야겠다.

'책임감 부여', '업무 지원'

그다음은 박 대리.

자신의 업무를 잘하고 있고, 팀 안에서의 역할도 충분하다. 막내의 동행방문을 지시했으니 조금 여유가 생기는 부분도 있겠지만 업무에 부담이 있을 수 있다. 하지만 그 정도는 충분히 감당하리라고 본다. 주호와의 관계도 좋으니 지켜보고, 진행사항에 따라 칭찬해주자.

'인정', '칭찬'

마지막, 막내 주호.

빨리 키워서 혼자서 제몫을 해야지 우리 팀의 성과에도 도움이 된다.

강 차장과 박 대리를 붙였으니 우선은 지켜봐야겠다. 다만 무엇을 목표로 해야 할지 정하지 않았다. 매출 목표 달성은 조금 빠른 것 같고, 고객사 방문횟수나 통화횟수에 관한 목표를 정해 줘야겠다. 이것을 통해서 많이 방문할수록 결과가 잘 나온다는 것, 그리고 실전에서 뛰면서 몸으로 배우게 해야겠다는 생각이 든다.

'목표 제시(방문횟수, 통화횟수)', '현장 교육'

개인별로 무엇에 집중해야 할지 정리가 되었다.

한 장을 더 넘겨서 왼쪽 위에서 아래까지 중요 고객사 이름을 쭉 적고, 맨 위에 왼쪽에서 오른쪽까지 1~12까지 숫자를 적었다. 고객사 별로 매출이 나올 시점을 해당 월 밑에 동그라미를 쳤다. 그리고 규모별로 영업을 언제부터 집중해서 진행해야 할지 일정을 화살표를 그어 표시했다. 오랫동안 영업을 해서 그런지 언제부터 영업을 시작해야 하는지, 언제 계약이 성사될지 예상하는 게 어렵지는 않다.

다 작성한 후 월별로 동그라미 개수를 세어 맨 밑에 숫자를 적는다. 적고 보니 아무래도 연말과 연초에 계약이 많고, 봄가을에도 계약 건수가 올라간다. 이렇게 정리하고 보니 시기별로 언제 어느 고객사에 집중해야 할지가 보이고, 고객사마다 우리 팀 담당자가 있으니 누구를 도와주어야 할지가 쉽게 나온다. 다시 한 번 앞에서부터 차근차근 훑어본다. 이 정도면 내가 움직이는 데 문제없으리라…. 왠지 나만의 작전지도가 완성된 것 같아 뿌듯하다.

불씨를 지키는 법

새해 들어 첫 영업팀장 회의다. 회의실에 모여 커피를 한 잔씩 마시며 이야기를 나눈다.

"연말 어떻게 보냈어?"

"가족들하고 보냈지 뭐. 집에서 시체놀이 했어."

"아휴, 난 아이가 이제 고3이라 눈치 보고 지냈지."

시간이 지나 나이를 먹고 직급이 올라가면서 이야기의 소재가 바뀌긴 하지만 개인적으로 만나면 처음 만났을 때 모습 그대로다. 김 상무님이 회의실로 들어온다. 일순간 회의실은 조용해지고 다들 자리에 앉는다.

"올해는 특히 중요한 해인 것 알고 있지? 작년에 우리 회사가 목표한 바를 달성하지 못했어. 올해도 같은 결과가 나오면 나를 포함한 여기 있는 사람들은 내년에 이 자리에 있을 수 없을 거야. 그러니까 모두들 이 악물고 뛰어주기 바래, 알겠지?"

"네!"

낮고 굵은 중년 남자들의 목소리가 회의실 바닥으로 깔린다.

"올해 전체 계획은 지난주에 함께 리뷰했으니까, 1팀부터 1월 목표와 실천방안 발표해봐."

영업 1팀장부터 발표자료를 뒤적이며, 내용을 브리핑한다.

김 상무님이 말을 끊는다.

"그 정도 실천계획 가지고 목표를 달성할 수 있겠어?"

김 상무의 미간이 잔뜩 찌푸려진다. 볼펜을 가지고 다이어리를 툭툭 내려친다. 회의실에서 흡연이 금지된 이후로 생긴 버릇이다. 한마디로 답답하다는 뜻이다.

"기존의 고객사 담당자들과 우리 직원들이 관계도 좋고, 저도 열심히 하면 달성할 수 있을 것 같습니다."

영업 1팀장의 목소리에 약간의 떨림이 느껴진다. 1팀장은 김 상무님에게 하도 오랫동안 깨져서 아예 노이로제가 생겼다고 했다.

"열심히 하면 다야? 스마트하게 일하란 말이야, 스마트하게! 기존 방식과 좀 다른 게 있어야지. 똑같은 방식으로만 해서 답이 나오냐? 넌 생각이란 걸 안 하고 사냐? 어휴, 영업 1팀장이란 놈이 만날 이래 가지고…. 쯧쯧."

또, 시작이다. 새해 첫 회의부터…. 예상은 했지만 작년과 똑같고, 똑같이 깨지고 있다.

"2팀 해봐."

이제 내 차례다. 뭔가 그냥 들어가면 말릴 것 같다. 좋은 분위기를 만들어야 한다는 생각이 든다.

"상무님, 기분 좀 어떠세요?"

살짝 웃으면서 여쭈어본다.

"얘가 뜬금없이 왜 이래? 보면 몰라? 난 숫자가 나올 것 같으면 기분 좋고, 숫자 안 나오면 기분 거지 같아지는 거?"

나의 질문에 의아해하는 느낌이다.

"올해의 시작하는 시점이고…, 아직 숫자를 논하기에는….'"

"뭐하자는 거야?"

"제가 숫자 만들어올 테니까, 상무님은 편한 마음으로 들으시라고요. 올해 첫 회의잖아요."

그리고 흐흐 하며 능청스레 웃어 보였다. 어이없는 듯, 아니면 자기가 너무했다고 생각했는지 조금 얼굴을 푼다.

"다 내가 너희들 잘되라고 그러는 거야. 알았어? 알았으니까 니네 팀 것 발표해봐."

우리 팀에서 준비한 목표와 실천계획을 일부러 힘을 줘서 발표했다. 무엇보다 우리 팀에서 잡은 목표가 회사에서 내려온 수치보다 높았기에 꿀릴 게 없다고 생각했다.

"할 수 있겠어?"

같은 말이라도 1팀장에게 한 것보다는 확실히 부드러워졌다.

"네, 할 수 있습니다."

"뭘 믿고 그러냐? 강 차장이 너희 팀이지? 걔는 좀 어때?"

"열심히 하고 있습니다. 무엇보다 자신이 맡은 일 적극적으로 하고 있구요."

"그 말 믿어도 돼? 니네 팀원이라고 감싸는 거 아니야?"

"아닙니다. 지켜봐주세요. 조만간 강 차장이 결과로 보여드릴 겁니다."

눈에 힘을 주어 대답한다. 김 상무님도 내 눈을 마주 보며 말한다.

"1사분기 안에 강 차장 숫자 안 가지고 오면 내가 잘라버릴 거야."

그리고 천천히 말을 이어간다.

"그리고, 올해 니네 팀 결과 안 나오면, 너도 책임질 각오해."

순간 회의실은 멈춘 듯하다.

"네. 그렇게 하겠습니다."

나도 눈을 똑바로 쳐다보며 단호하게 대답했다. 최선을 다하고, 아니면 할 수 없는 것. 눈치 보기보다는 열심히 일하고 결과로 이야기하고 싶었다. 그리고 그것이 나에 대한 다짐이었다.

적극적인 모습, 좋은 조짐이 보인다

이 차장이 달라졌다. 얼마 전까지만 하더라도 일하기보다는 놀기 좋아하고, 앞장서기보다는 뒤로 좀 빼는 듯한 느낌이었는데 어느 순간 달라졌다. 팀원들이 수고해서 만든 칭찬게시판이 어떻게 되어 있나 궁금해서 들어가보니, 제일 먼저 글을 올린 것도 이 차장이다. 평소 직원들과 친해서 그런지 칭찬도 예술이다. 팀원들도 칭찬 글에 댓글을 달며 열렬히 호응하고 있다.

"팀장님, 이번 고객사 PT, 내일모레 있는 거 아시죠?"

그전에는 혼자서 대충 해치웠을 일에 나를 참여시킨다.

"팀장님, 이메일로 PT자료 보내드렸는데 읽어보셨나요? 혹시 수정해야 할 건 없을까요?"

업무도 미리 챙긴다.

"팀장님, 이번 PT는 맡겨주시면 제가 한번 해보겠습니다. 괜찮을까요?"

자기 일이라고 생각하고, 책임감을 갖기 시작했다. 이런 변화는 분명 좋은 조짐이다.

PT에는 이 차장과 나, 그리고 김 대리까지 들어간다. 김 대리는 이 차장과 업무를 분리시키려 했는데, 이번 PT는 사이즈도 크고 그전부터 같이 들어갔던 고객사라 함께 가기로 했다.

프레젠테이션 당일.

"이 차장이 안 보이네…. 어디 갔어?"

막내에게 물어본다.

"회의실에 있습니다."

"김 대리는?"

"같이 있는 것 같습니다."

"그래?"

회의실로 향한다. 문을 열고 들어서니 어두운 회의실에 프레젠테이션 슬라이드가 환하게 스크린을 비치고 있다.

"지금 분석에 의하면, 앞으로….."

PT 준비를 하던 이 차장이 나와 눈이 마주쳤다.

"오셨어요?"

"계속해."

테이블 앞쪽 의자를 꺼내 앉고, 지켜보기로 한다.

"위험이 커질 것으로 예상됩니다. 사업을 안정적으로 수행하기 위해서는 이를 보완할 방법을 마련하는 것이 중요합니다….."

다르다. 작년에 내가 본 이 차장의 모습이 아니다. 작년에는 PT만 하러 가면 긴장했고, 준비가 안 된 느낌이었다. 그런데 지금은 내용을 완벽하게 숙지하고 있다. 나와 아이컨텍을 하기도 하고, 흐름의 강약을 조절하면서 발표한다. 암기한 것을 외우는 것이 아니라, 확실히 설득을 하는 것처럼 느껴진다.

마지막 페이지까지 발표를 마치자, 나도 모르게 박수를 쳤다.

"좋다!"

김 대리가 불을 켜자, 이 차장이 쑥스러운 듯 머리를 긁적이며 웃는다.

"뭐 좀 더 보완할 게 없을까요?"

"보완할 거라…. 음…, 없는 것 같은데?"

지금은 자신감을 심어주는 것이 포인트라 생각했다.

"이대로만 하면 우리가 따올 것 같아. 감이 왔어. 이 차장, 이번에 준비 많이 했네."

"새해 첫 PT인데, 따와야죠."

눈빛이 반짝이다. 내가 이 차장과 그렇게 오랫동안 일했지만 이런 눈빛은 처음이다.

"고맙다. 꼭 따오자."

시간을 보니 점심시간이다.

"몇 시에 출발할 거야?"

"2시에 시작이니 저희는 먼저 가서 준비해놓고 끝나면 식사하겠습니다. 팀장님은 식사하시고 천천히 들어오시죠."

"그럼 1시 45분쯤 들어갈게. 준비하느라 수고했어. 잘되겠네."

이 차장과 김 대리의 어깨를 두드려주고 회의실을 나왔다.

이렇게 적극적이고 열심히 하는 모습은 언제부터 누구로부터 시작되었을까? 아마도 지난번 워크숍 이후가 아니었을까? 정확하게 말할 수는 없지만, 아무튼 이런 모습은 팀원들에게 아주 빠르게 그리고 자연스럽게 옮겨가고 있었다.

16

환상의 팀워크

고객사의 회의실에 들어서니, 이 차장과 고객사 담당자가 이야기를 나누고 있다. 다가가서 인사를 나눈다.

"안녕하세요? 잘 부탁드립니다."

웃으며 인사를 건넨다.

"네, 팀장님 오셨어요? 오늘 발표 기대하겠습니다."

"이 차장이 철저히 준비했으니 오늘 PT 기대해도 될 겁니다."

서로 덕담을 건넨다. 주변을 둘러보는데 김 대리의 넥타이가 조금 풀려 있고, 땀을 흘린 듯한 얼굴로 기획서를 책상에 올려놓고 있다. 김 대리와 눈으로 인사를 주고받는다.

"김 대리님이 고생 많이 했어요."

담당자가 말한다.

"네? 무슨 고생이요?"

"프로젝터가 연결이 안 돼서요."

미안한 듯 말을 잇는다.

"아까 오셔서 연결하는데 램프가 수명을 다했다는 경고 사인이 나오더라고요. 그래서 장비실 가서 램프를 얻어 와서, 김 대리님이 책상 위에 올라가서 램프를 교체했는데, 이번에는 아예 화면이 안 뜨더라고요."

그리고 보니, 프로젝터가 천장이 아닌 회의실 테이블 중간에 놓여 있다.

"그래서 이동식 프로젝터를 하나 가지고 왔는데, 이번에는 파워선이 짧은 거예요. 선이 닿는 데다 놓으면 화면이 너무 작고, 스크린 사이즈에 맞추려니 줄이 모자라고요."

순간 '아주 많은 일이 있었구나.' 하는 게 느껴진다.

"지금은 제대로 된 것 같은데요?"

화면을 보니 제대로 세팅되어 있다.

"결국 김 대리님이 연결선을 사러 뛰어갔다 왔어요."

"아, 그래서 김 대리가 저렇게 땀에 젖어 있는 모습이었구나."

김 대리가 대견스럽게 보인다.

"죄송해요. 저희가 준비를 잘했어야 했는데⋯. 제가 오늘 참석하시는 윗분들 연락하느라 사러 갈 수가 없었는데, 김 대리님이 대신 챙겨주셔서 문제없이 준비를 마쳤네요."

담당자가 미안한 모습을 내비친다.

"김 대리, 수고했어."

내가 한마디 전한다. 김 대리도 씩하고 웃는다.

고객사 담당 부장님이 들어온다. 가까이 가서 인사를 한다. 연이어 담당 이사님, 관련 부서 부장님들이 들어온다. 안면이 있는 분들에게는 다가가 인사를 나누고, 초면인 분들에게는 명함을 건네며 인사했다.

시간이 되어 담당 부장의 소개인사에 이어 내가 말을 받는다.

"오늘 이렇게 발표할 기회를 주셔서 감사합니다. 저희 회사에서는 이번에 진행되는 프로젝트의 성공을 위해 열심히 준비했습니다. 관심 있게 지켜봐주시기 바랍니다. 그럼 이번 프로젝트의 저희 회사 PMproject manager을 소개해드리도록 하겠습니다."

"안녕하세요? 이번 프로젝트를 맡고 있는 이우석 차장입니다."

옆에서 자연스럽게 앞으로 나온다. 잠시 참석자들과 눈을 맞추더니 이야기를 이어나간다.

앉아서 이 차장의 발표를 지켜보니 믿음직스럽다. 깔끔하게 양복을 차려 입고, 반듯하게 발표하는 모습이다. 그동안은 덩치가 크다고만 생각했었는데, 오늘은 위풍당당하다는 말이 어울릴 듯하다. 때론 열정적으로, 때로 차분하게 PT를 주도해나간다. 오전에 회사에서 들었을 때와는 또 다른 신뢰감이 느껴진다.

"이것으로 발표를 마치겠습니다."

이 차장이 마치며 인사를 하자, 참석자들의 박수가 쏟아진다. 벽에 걸린 시계를 보니 30분 정도가 소요되었다.

"PT 잘 들었습니다. 혹시 궁금한 것 있으면 질문하시죠."

고객사 담당 부장님이 자연스럽게 사회를 본다. 우리 회사의 조건이나 지원 서비스, 진행 일정 등에 대해 세부적인 질문이 나온다. 이 차장이 차분하게 답변을 잘한다. 역시 PT는 준비한 만큼 드러나게 되어 있다.

어느 정도 답변이 정리된 것 같아 이 차장이 사리에 돌아와 앉자, 고객사 재무담당 임원이 예상치 못했던 질문을 한다. 혹시 현재 진행하고 있는 프로젝트가 중단될 때의 비용 처리방법 등을 묻는다. 프레젠테이션 자리에서는 쉽게 나오지 않는 질문이다. 아무래도 자신의 능력이나 지식을 과시하고 싶은 듯하다. 이 차장은 잘 모르겠다는 눈빛이다.

"그건 제가 답변 드리겠습니다, 박 이사님."

내가 자리에서 일어났다.

"말씀하신 부분은 굉장히 중요한 부분입니다. 사실 이 부분에 대해서 언급해주시는 분이 거의 없는데, 역시 전문가다우십니다."

그리고 업계의 일반적인 처리방법, 그동안 우리 회사에서 처리했던 사례, 나의 경험 등을 토대로 답변을 했다. 박 이사님이 고개를 끄덕이며 이해했다는 표정을 짓는다.

"더 이상 질문 없으신가요? 그럼, 오늘 PT는 여기서 마치도록 하겠습니다."

마무리 멘트와 함께 참석자들은 일어나서 회의실을 나간다. 문 쪽으로 가서 나가는 분들에게 일일이 인사를 한다. 모두가 나가고 담당 부장님과 담당자, 그리고 우리 팀이 남았다. 김 대리는 정리를 하고 이 차장과 나는 잠시 이야기를 나눈다.

"오늘 어떠셨나요? 부장님."

그들의 반응을 듣고 싶다.

"발표를 너무 잘해주셔서 기대 좀 하셔도 될 것 같은데요."

담당 부장이 그동안 보여주었던 모습 중에 가장 호의적인 모습을 보인다.

"감사합니다. 좋은 결과 기대하겠습니다."

김 대리가 장비를 다 정리한 것 같아 함께 회의실을 나온다. 엘리베이터 앞에 서서 인사를 나눈다. 담당자가 한마디 한다.

"아, 오늘 정말 환상의 팀워크를 보여주셨어요."

"감사합니다. 앞으로 더 멋진 모습 보여드릴게요. 기대해주세요."

함께 웃으며 인사를 하고 엘리베이터에 오른다.

환상의 팀워크! 다른 사람들의 눈에 그렇게 비쳤다니 기분이 진짜 좋다. 이 차장과 김 대리의 얼굴을 번갈아 쳐다본다.

"잘했어!"

오늘은 정말 환상적이었다.

수고했어!

기쁜 마음으로 회사로 돌아왔다. 오늘 있었던 일을 직원들과 공유하고 싶다. 생각난 것은 칭찬게시판. 노트북을 열어 우리 팀 칭찬게시판으로 들어간다.

'이 차장과 김 대리의 환상의 팀워크.'

오늘 있었던 일을 게시판에 올린다. 김 대리가 얼마나 헌신적으로 준비를 했는지, 이 차장의 PT가 얼마나 멋지게 진행되었는지, 고객사 담당자가 어떻게 평가를 했는지, 마지막에는 이번 프레젠테이션의 결과가 좋을 것이라고 예언의 글, 아니 염원의 글을 남겼다.

글을 올리고 보니, 팀워크에 도움이 되는 행동을 다른 팀원에게도 알릴 수 있어 좋다. 칭찬 대상이 된 사람은 여러 번 살펴볼 터이니 볼 때마다 칭찬받는 느낌을 얻을 것이다. 이 게시판을 잘 활용해야겠다는 마음이 든다.

이 차장과 김 대리를 위해서 글을 적었는데도, 뭔가 모자란 듯한 느낌이다.

"이 차장, 오늘 저녁에 약속 있어?"

"없습니다."

"김 대리는?"

"저도 괜찮습니다."

"그럼, 우리 팀원들 시간되는지 물어보고, 괜찮으면 간단하게 맥주 한 잔하자."

다른 때 같았으면 다들 약속이 있다고 할 것 같은데, 오늘은 괜찮단다. 강 차장만 거래처에 갔다가 조금 늦게 참석한다고 한다. 평소 같으면 그냥 안 온다고 할 친구가 늦게라도 참석한다는 걸 보니 확실히 뭔가 바뀐 것 같다. 퇴근시간이 가까워지자 박 대리와 막내가 일을 마치고 들어왔다. 팀원들과 회사 앞 작은 호프집으로 이동한다. 맥주가 한 잔씩 전해지고, 뻥튀기와 김이 놓여진다.

"자, 이 자리는 내가 이 차장과 김 대리를 위해서 마련한 자리야. 오늘 둘의 너무 멋진 모습을 봤어. 이 둘을 위해서 건배 한번 하자고…. 자, 건배!"

잔을 부딪치고, 한 모금 쭉 마신다. 목을 타고 짜르르한 기운이 느껴진다. 시원하고 맛있다. 역시 술은 열심히 땀 흘리고 난 후에 마시는 맥주 한 모금이 제일 맛있다.

"아니, 대체 PT 하러 가서 어떻게 하셨기에 부장님께서 이렇게 늘어지게 칭찬하세요?"

박 대리가 이 차장에게 묻는다. 이 차장은 김 대리가 얼마나 열심히 뛰어다니며 완벽하게 준비를 했는지, 입에서 침이 튈 정도로 열심히 설명한다.

김 대리도 이 차장이 깐깐한 고객사를 어떻게 처리했는지를 설명한다. 그리고 한마디 덧붙인다.

"저는 거기 박 상무가 그런 질문을 할지 몰랐어요. 근데, 그런 말도 안되는 질문에 역시 부장님!" 하며 엄지손가락을 치켜들며 잔을 부딪쳐온다. 기분 좋게 건배를 한다.

"저 자랑할 거 있습니다."

막내가 갑자기 목소리를 높인다. 평소 말수가 많지 않던 막내가 이야기를 하니 관심이 확 쏠린다.

"뭔데?"

가방에서 책 한 권을 꺼내더니 앞으로 들어 보인다. 제목이 《영업은 기획이다》.

"이 책 박 대리님이 저에게 선물로 주셨습니다. 열심히 읽고 훌륭한 영업맨이 되겠습니다."

막내가 자랑하는 모습이 귀여워 모두 한바탕 웃는다. 박 대리는 부끄러워하면서도 영업스킬이 많이 모자란 김 대리에게도 한 권 더 사주겠다며 농담을 한다.

안주로 시킨 치킨을 맛있게 먹고 있자니, 아직 도착하지 않은 강 차장에게 조금 미안한 마음이 든다. 열심히 일하는데 우리만 재미있게 노는 것 같고…. 그 순간 차가운 바람과 함께 강 차장이 웃으며 들어온다. 이 차장의 맥주 추가하는 소리가 들린다.

"수고했어, 이리 와 앉아."

"팀장님, 좋은 소식 있습니다."

직감적으로 느껴지는 게 있다.

"됐니?"

"네, 됐습니다…! 10억."

순간 "와!" 하는 탄성이 모두의 입에서 터져 나온다.

"확답 받고 오느라고 좀 늦었습니다."

"수고했다. 수고했어."

어깨를 두드려주는데, 속에서 뭔가 울컥하고 올라온다. 강 차장이 얼마나 힘들었을까? 그동안 결과를 내느라 열심히 뛰어다닌 것, 오늘 확실한 성과를 가지고 오느라 저녁도 못 먹고 기다렸다가 결과 듣고 달려온 것…. 다 느껴진다.

"다들 잔 채우고 건배 한번 할까?"

"그동안 열심히 했는데 결과가 빨리 안 나와서 고생한 강 차장, 오늘 멋진 PT를 보여준 이 차장과 김 대리, 책까지 선물하면서 막내 챙겨준 박 대리, 그리고 앞으로 멋진 영업맨이 될 막내 주호, 우리 모두를 위하여!"

"위하여!"

모두가 목청이 터질 듯 외치고, 신나게 한 명 한 명 잔을 부딪쳤다. 불붙은 우리의 가슴에 그날 그렇게 기름이 부어졌고, 활활 타오르기 시작했다.

관심과 점검

나의 코치님으로부터 전화가 왔다. 워크숍 이후의 진행상황을 확인하는 전화다.

"형, 고마워. 덕분에 아주 잘 진행되고 있어."

뭐가 잘 진행되는지 묻는다. 해주고 싶은 말이 너무 많아 같이 점심을 먹기로 했다.

외투에 목도리까지 하고 길을 나선다. 찬바람이 얼굴과 손등에 느껴지지만, 즐거운 마음으로 약속장소로 향한다. 오랜만에 스파게티 집에 와본다. 검정색 문을 열고 들어가니, 안쪽에 앉아 있는 형이 보인다. 인사를 하고 자리에 앉는다.

"잘된다니, 내 마음이 다 좋다."

진심으로 좋아하는 표정이다.

"내가 고맙지. 형이 잘 끌어준 덕분에, 뭐라고 할까…. 팀에 불이 붙은 느낌이야. 다들 적극적으로 자기 일들을 하네."

"네가 잘해서 그렇지. 네가 그동안 팀원들에게 했던 행동들이 밑바닥에 잘 받쳐져 있어서, 금방 불이 붙은 거지."

따뜻한 빵이 작은 바구니에 담겨 나와, 한 덩이 집어 먹는다.

"일이 잘 풀리니 먹는 것도 다 맛있네."

"이 차장은 왜 그렇게 좋아진 것 같아?"

"음, 형이 워크숍 끝나고 한 사람에게 집중하라고 했잖아. 같이 술도 마시고 이야기도 많이 나눴었거든…. 그게 컸던 것 같고. 그리고 리더로 인정해준 것? 처음에 워크숍 끝나고 이 차장과 강 차장에게 직접 어떻게 할지 정리해보라고 책임을 주었었거든. 책임감을 느끼면서 자신이 달라져야겠다고 느낀 것 같고…. 무엇보다 워크숍이 좋았고…. 흐흐흐."

"그렇지. 워크숍이 좋았지? 하하하."

형도 가볍게 내 이야기를 받아준다.

"그럼, 강 차장은?"

"강 차장도 비슷하긴 한데, 음…. 내가 믿고 도와주고 있다는 것을 마음으로 느낀 것 같아. 며칠 전에 이야기를 하는데 그동안 자기를 잘 지켜봐주고, 챙겨줘서 고맙다고 하더라고. 사실 뭐 그렇게까지 도와준 것도 없는데. 괜히 내가 더 미안하더라고…."

"강 차장은 네가 자신을 믿어준 것을 고맙다고 생각하는구나…."

그 사이 내가 주문한 토마토 스파게티가 나왔다. 형은 크림치즈 스파게티.

"김 대리는 PT 가서 아주 잘했다며…."

"요즘엔 날아다녀…. 예전에는 해야 할 일이 있어도 뒤로 빠지거나 뺀질거리던 친구가 완전히 변했어. 일 잘하니까 더 믿음직해 보이는 거 있지. 그리고 이 차장하고 분리시켜서 독립적으로 일을 맡겼어. 그 친구가 자기 스스로 해보고 싶어 하는 욕심이 있더라고…."

"그래, 좋은 생각이네."

"박 대리는?"

"박 대리는 완전히 살림꾼이지. 일 잘해, 사람 잘 챙겨, 얼굴 예뻐, 마음 씀씀이 고와…. 뭐 하나 빠지는 게 없어. 막내 좀 가르치라고 붙여주니까 책까지 사주면서 꼼꼼하게 가르치더라고. 완전 대만족이야."

"전에는 예쁘다고는 안 했잖아."

"몰라, 요즘에는 우리 팀원들이 왜 이렇게 예뻐 보이는지 모르겠어. 흐흐흐."

"주호 씨는?"

"막내는 말이 많아졌어. 박 대리를 따라다녀서 그런 건지, 자신감이 붙었는지…. 예전에는 아무 말도 안 하고 뒤에서 시키던 것만 하더니, 요즘에는 먼저 아이디어도 제안하고, 분위기 띄우려고 농담도 하고 그래. 안 웃겨서 그렇지. 크크."

형도 같이 웃는다.

"팀 분위기가 많이 좋아졌구나. 다 그게 어색함이나 서로에 대한 우려가 사라져서 그런 거지. 네가 정말 잘하고 있네."

"형, 내가 잘하고 있는 것 맞아?"

"어, 잘하고 있어."

형에게 확인을 받으니 마음이 좀 놓인다. 사실 요즘 일이 너무 잘 풀리다 보니 조금 걱정되는 것도 있었다. 이런 기운이 언제까지 이어질까? 혹시 예전처럼 돌아가지는 않을까? 하는 걱정. 워크숍 마치고 내 나름대로 준비했던 것, 팀원 개개인에 대해서 주안점을 가지고 있는 점을 상세하게 털어 놓았다.

"그래도 앞으로 어떻게 해야 할지 조금은 걱정이야…."

"어떻게 해야 할 것 같아?"

"또, 물어보네. 어떻게 하면 좋을 것 같냐고? 음…, 글쎄…, 형이라면 어떻게 할 거야?"

"난 너를 어떻게 대하고 있니?"

"형? 형은 뭐…, 관심 가지고 계속 지켜봐주고, 질문해주고 그러고 있지…."

그 순간 머릿속을 스치는 게 있다.

"아…, 관심?"

"그래, 네가 말한 대로 관심을 가지고 계속 지켜봐주고, 질문하면 돼. 잘하면 잘한다고 이야기해주고, 어려워하면 조금씩 도와주면서…."

알 것 같다. 적어도 지금 이 순간에 어떻게 해야 할지는.

후식으로 가져다 준 커피를 마시면서 이야기한다.

"고마워, 형. 일도 많이 도와주고, 맛있는 점심도 사주고, 나 완전히 성공한 것 같다."

"그래, 이럴 때 충분히 누려. 좋은 기분을 충분히 누려야 그 힘으로 더 열심히 일한다."

따뜻함이 느껴진다. 그렇게 나는 형의 관심으로 조금 더 성장할 수 있었다.

점검의 힘

담배를 끊은 지도 몇 주가 지났다. 새해를 맞아서 한 최대 결심이다. 다행히 요즘에는 너도나도 담배를 끊으니 그나마 좀 수월해졌다. 우리 팀 막내도 올해 초부터 금연을 결심한 덕분에 함께 잘해볼 생각이다.

회사 1층 커피전문점에 들러 차를 한 통 샀다. 회사에 있는 커피를 마시면 자꾸 담배 생각이 나서 그럴 때마다 마시려고.

"주호야, 이거 담배 생각날 때 한 잔씩 마시자."

"네, 팀장님…. 좋은 차 같은데요?"

"응, 좋은 걸로 샀어. 담배 끊은 대신 나에게 뭔가 좋은 걸로 보상을 해줘야 할 것 같아서…."

"그럼, 맛 한번 볼까요?"

"그래, 커피숍 아가씨가 맛있는 거라고 했는데, 블랙 티가 무슨 맛인지 한번 보자."

잠시 후 주호는 양손에 머그잔을 들고 내 자리로 온다.

책상 앞 원형 테이블로 자리를 옮긴다. 향을 맡으니 은은하고 맛을 보니 깔끔하다.

"주호는 올해 계획이 어떻게 된다고 했지?"

"개인적으로는 팀장님이 아시는 것처럼 금연하는 거구요, 업무에 관해서는 저도 제대로 된 영업사원으로 성장하는 겁니다."

"그래, 좋네."

이야기를 들으니 기억이 난다. 경청한다고 하는데 자꾸 까먹는다.

"제대로 된 영업사원으로 성장하기 위해서 어떻게 할 생각이니?"

"이론적으로는 박 대리가 사준 책을 빨리 읽고 정리할 생각이고요, 실제적으로는 지금 다니고 있는 고객사들에 부딪쳐보면서 배우려고요. 지금은 박 대리하고 같이 다니니까 궁금한 게 있으면 물어보고요. 제안서 작성은 강 차장님에게 많이 여쭈어보고 배우려고요."

"그래, 잘 생각했다. 책은 언제까지 볼 생각이니?"

순간 조금 당황한 기색이 보인다. 내가 이렇게까지 물어볼 줄은 생각하지 못한 모양이다.

"음…, 이번 달까지는 다 읽도록 하겠습니다."

뭔가 의무감이 느껴진다.

"앞으로 2주 정도 남았으니까, 그렇게 해. 그리고 책을 읽기만 하면 너무 아쉽지 않을까?"

"그럼 책 읽고 나서, 정리해서 팀원들에게 돌리겠습니다."

"그래, 좋은 생각이네. 내용을 정리해서 우리 팀 회의할 때 한번 발표하도록 해."

"발표까지요?"

조금 당황한 듯하다.

"그래, 프레젠테이션 연습도 할 겸 발표까지 한번 해봐. 좋은 연습이 될 거야."

얼굴이 약간 상기되었다.

"네, 그렇게 하겠습니다."

차를 한 모금 마신다. 차분해지는 느낌이다.

"네 목표가 영업사원으로 제대로 성장하는 거라고 했잖아? 그럼 고객사에 다니면서 뭘 얻을 생각이니?"

"빨리 매출을 만들어보겠습니다. 얼마 전에 강 차장님이 했던 것처럼 매출을 올려서 저도 팀에 도움이 되고 싶습니다."

속으로 웃음이 올라왔다. 막내를 무시하는 것은 아니지만, 매출을 만들어내는 것이 쉽지 않다는 것을 잘 알기 때문이다.

"그래, 우리 주호 덕에 올해는 좀 편하게 가보자. 하하하."

기를 죽여서는 안 된다. 하지만 그렇다고 너무 큰 부담을 주고 싶지는 않다.

"매출이라는 게 금방 나오면 좋지만 말처럼 그렇게 쉽지는 않아. 어떻게 보면 많이 만나고, 고객에게 뭐가 필요한지 고민하고, 제안을 하고, 또 대화를 많이 나누다 보면 자연스럽게 나오는 거지. 마치 농부가 봄에 씨를 뿌리고, 꾸준히 관리하다 보면 가을에 결실을 얻는 것처럼. 결과를 내는 것에만 너무 신경 쓰지 말고, 오히려 씨 뿌리는 것에 관심을 가져봐."

"씨 뿌리는 건 방문하는 걸 말씀하시는 건가요?"

"그래, 주호가 금방 알아듣네. 고객사 방문과 통화하는 것, 이메일 보내는 것까지. 이런 씨 뿌리기 작업을 잘하면, 그중에 가능성 있는 고객들은 싹을 틔우게 돼. 그 싹들을 꾸준히 관리하면, 결국은 결실을 맺게 되지. 물론 얼마나 정성을 들이느냐에 따라 똑같은 고객이라도 더 많은 것을 거둬들일 수 있고, 더 빨리 수확할 수도 있겠지."

주호가 심하게 고개를 끄덕인다. 나도 왠지 설명을 잘한 것 같다.

"그럼, 주호는 씨를 얼마나 뿌릴 생각이야?"

고민이 되는지 눈을 위로 치켜뜨고, 생각을 하며 대답한다.

"고객사는 하루에 한 군데 이상 방문하면 1주일에 5곳 이상, 전화는 하루에 5군데 이상, 이메일은 한 번에 여러 곳에 동시에 보낼 수 있으니까, 1주일에 2번 이상 보내는 걸로 하겠습니다."

"할 수 있어?"

"네, 열심히 해보겠습니다."

예전 같았으면 여기서 이야기가 마쳤을 것이다.

"그럼, 주호가 실천하는 걸 내가 어떻게 알 수 있을까?"

형이 가르쳐준 부분이다. 꼭 점검하라고 했다.

"음…, 매주 팀장님께 한 번씩 보고 드리겠습니다."

"그래, 너무 부담 갖지는 말고, 나랑 1주일에 한 번씩 티타임을 갖자. 그러면서 잘되는 건 무엇인지, 힘든 점은 무엇인지 이야기하도록 하자."

"네, 알겠습니다."

과연 점검의 힘이 얼마나 클지 기대된다.

고객이 원하는 것

김 대리와 함께 고객사를 방문하기로 한 날이다. 얼마 전에 진행한 고객사를 제외하고는 이 차장과 업무를 분리했다. 오늘 들어가는 고객사는 그래도 김 대리가 맡게 된 고객사 중에 가장 큰 곳이라, 이 차장이 업무에서 빠지게 된 점을 내가 가서 설명하려고 한다. 또한, 그동안 보아온 김 대리의 모습이 항상 서포트하는 모습이어서, 혼자 어떻게 진행하는지 살펴볼 요량이다.

"팀장님, 어떻게 가시겠어요?"

"지하철 타고 가자. 차 가지고 가면 막히기만 해."

지하철에 둘이 서서 오늘 일에 대해서 점검해본다.

"오늘 가서 무얼 하면 되지?"

"우선 팀장님께서 오랜만에 들어가시는 거니까, 그쪽 분들하고 인사하시고, 이 차장이 빠지게 된 이유를 말씀해주시면 될 것 같아요."

"그래, 그건 내가 이야기하는 게 낫겠다. 그리고?"

"전에 제안했던 것 진행상황을 확인해야 합니다. 그리고 새로 진행될 가능성이 있는 건도 물어보도록 하겠습니다."

"그렇게 하자."

오늘 어떤 것을 봐줘야 하는지 생각해보니 아무래도 영업상담 부분일 텐데, 나는 요즘 김 대리가 영업상담 하는 것을 본 적이 없다. 그동안 이 차장과 함께 다녔으니 주로 이 차장이 진행했을 것이다. 제대로 못하는 걸 보고 당황하기보다 시작하기 전에 점검해주는 것이 낫겠다 싶다.

"가서 어떤 식으로 상담할 거야?"

"네? 어떤 식으로요?"

고민하는 느낌이다. 잠깐 뜸을 들이더니 대답한다.

"제안했던 건 그냥 물어보면 될 것 같고요. 새로 진행될 프로젝트는 종류, 규모, 발주시기, 협력 상황 등을 묻도록 하겠습니다."

"그래, 그 정도 흐름이면 될 것 같다. 잘 듣고 뭘 원하는지 살펴보자."

"네, 알겠습니다."

지하철에서 내려 고객사로 들어간다. 회의실에서 반갑게 인사를 나눈다.

"그동안 김 대리가 회사 내에서 좋은 역량을 많이 보여줘서 이제는 독립적으로 일할 수 있도록 했습니다. 이 차장 대신 필요한 일은 제가 돕도록 하겠습니다. 괜찮으시죠?"

고객사에서 큰 반대 없이 이해를 해줬다.

김 대리에게 주도권을 넘겼다. 김 대리가 편하게 이야기를 이어간다. 들어보니 고객사 담당자와 당구도 같이 쳤던 사이라고 한다. 친하니 다행이다. 제안이 들어갔던 건은 얼마 안 있으면 결과가 나올 것 같다.

"새로 진행할 건이 있다고 하지 않으셨어요?"

김 대리가 묻는다.

"지금 다른 팀하고 TFtask force팀이 만들어져서 진행하는 건이 있는데요. 규모가 별로 크지는 않을 것 같아요. 필요하면 말씀드릴게요."

"네, 알겠습니다."

신규 프로젝트의 건은 너무 간단히 이야기가 마무리되었다. 하고 싶은 말이 있었지만 김 대리가 주도권을 쥐고 있으니 가만히 있는 것이 낫겠다 싶었다. 편하게 이야기가 이어졌고 미팅은 마무리되었다.

고객사를 나와서 묻는다.

"오늘 상담 어떻게 한 것 같아?"

"헤, 뭐 그래도 잘한 것 아닌가요? 분위기도 좋았고, 제안 들어갔던 것도 될 것 같고."

"그래, 잘하더라. 김 대리가 담당자하고 당구 쳤다는 이야기 듣고 그냥 맘 놨다. 역시 김 대리가 자기 사람 만드는 데는 일가견이 있어…."

앞으로의 일을 위해 자신감을 먼저 세워주었다. 하지만, 필요한 부분은 고쳐줘야 한다. 지난번에 배운 피드백 방법, 사실·의미·방법을 사용해본다.

"그런데 아까 신규 프로젝트 건이 별로 크지 않다고 해서 바로 이야기 접었잖아?"

"네, 그랬었죠."

"그런데, 과연 TF팀까지 꾸려서 진행하는 건이 크지 않을까? 여러 팀이 모여서 한다면 아마도 규모가 클 가능성이 더 높지. 고객이 내 생각과 다른 이야기를 할 때는 뭐가 다른지, 왜 그런지 의도를 물어봐야 해."

김 대리의 얼굴이 진중해진다.

"겉으로 말하는 고객의 말만 가지고 거래를 하면 단순거래 외에는 할 게 없어. 그럼, 우리가 단순히 물건 파는 사람밖에 안 돼. 왜 고객이 그런 이야기를 했는지, 고객이 진짜로 필요한 것이 무엇인지를 파악해야 정말로 고객을 위해서 필요한 것을 제안할 수 있게 되고, 그래야 우리가 고객을 도와주는 사람이 되는 거야."

"…."

"그렇게 믿음을 얻고 전문가로서 모습을 보여줘야 고객은 일을 시작하는 초반부터 우리에게 문의하고 도움을 요청하게 돼. 그랬을 때 일이 더 커질 가능성도 크고, 영업에 성공할 가능성도 높아지지. 이해되니?"

"네, 알겠습니다."

얼굴이 조금 달아올랐다.

"그럼, 앞으로 어떻게 할 거야?"

"고객의 말만 듣고 끝내는 것이 아니라, 무엇을 원하는지 물어보겠습니다. 그리고 잘 도와서 전문가라는 이야기를 듣도록 하겠습니다. 헤헤."

"그래, 난 김 대리가 친화력이 좋아서 영업스킬 부분만 보완하면 아주 잘될 것 같아. 다음에 같이 한 번 더 가자."

"넵! 흐흐."

예전에는 뺀질거린다고 생각했을 텐데, 오늘은 유연하게 받아들인다고 느껴진다.

짜릿한 순간

지하철에서 내려 다시 회사로 들어가는 길, 바지 주머니에서 핸드폰이 울린다. 꺼내보니 이 차장이다.

"어, 이 차장, 왜?"

"팀장님, PT 했던 건, 연락왔습니다."

순간 머리카락이 바짝 서는 듯하다.

"어떻게 됐어?"

말이 채 끝나기 전에 기쁨에 찬 목소리가 들린다.

"수주했습니다."

"잘했다. 잘했어."

온몸이 짜릿하다. 영업을 하면서 가장 희열을 느낄 수 있는 순간이 바로 이 순간이다.

"수고했어. 조금만 더 가면 되니까 회사에서 보자."

"잘되었대요?"

옆에 있던 김 대리가 내 목소리를 듣고 물어본다.

"어, 이 차장도 한 건 했네. 김 대리도 수고 많았고."

프레젠테이션에서 크게 한몫했던 김 대리도 얼굴에 함박웃음이 핀다.

"야, 잘 됐네요. 팀장님. 아, 우리 팀 올해 대박 나겠는데요. 며칠 전에는 강 차장님이 큰 거 한 건 하시고, 오늘은 이 차장님까지….이거 완전히 줄줄이 사탕인데요."

"그래, 이런 기운 타고 한번 달려가보자."

회사로 걸어가는 발걸음이 이렇게 가벼울 수 없다. 분명 사람들은 두

꺼운 외투에 목도리까지 둘러싸고 몸을 웅크리고 걸어가고 있지만, 난 속에서 따뜻한 기운이 올라온다. 하나도 춥지 않다.

사무실에 도착하니 이 차장이 자리에 없다. 이 차장도 사무실로 들어 오는 길이란다. 외근 중에 고객사로부터 연락받고 나한테 전화한 것이었 다. 뿌듯한 마음으로 상무님 방으로 간다. 문을 조금 열고 물어본다.

"상무님, 시간 괜찮으세요?"

뭔가 고민이 있으신지 얼굴이 별로 안 좋다.

"이번에 PT 들어간 건, 결과 나왔습니다."

"어떻게 됐어?"

빠른 반응이 나온다.

"저희가 가지고 왔습니다."

순간 얼굴이 확 피어난다. 근자에 본 모습 중에 가장 밝은 모습이다.

"그래, 그거야. 니네 팀이 이제야 밥값을 하는구나."

이럴 때가 회사 생활하면서 가장 재미있는 순간이다.

"강 차장도 큰 건하고, 2팀이 연이어서 터트리네."

"네, 올해는 시작이 좋습니다."

"시작만 좋아서 되겠어? 끝까지 좋아야지? 첫 끗발이 개 끗발인 거 알 지? 긴장 풀지 마."

역시 김 상무님이다. 좋은 소식을 들려줘도 결론은 늘 같지만, 그래도 오늘은 괜찮다.

"네, 제대로 한번 해보겠습니다."

"그래, 수고했어."

문을 닫고 나오면서, 회사를 다니게 하는 이유가 저 "수고했어." 한 마디 때문이 아닐까라는 생각이 언뜻 스친다.

어깨를 쭉 펴고 가벼운 발걸음으로 팀으로 돌아온다. 벌써 우리 팀 쪽에서 큰 목소리가 들린다. 이 차장의 자랑하는 소리가 들린다.

"이 차장, 수고했어."

다가가 악수를 하며 어깨를 두드려준다.

"네, 팀장님도 수고 많으셨습니다."

두 손으로 내 손을 부여잡고 말한다.

"우리 회의실 가서 차라도 한잔하자."

"그럼 커피는 제가 타가지고 가겠습니다."

김 대리가 빠른 반응을 보인다.

회의실에 앉아서 승전보를 나눈다. 누가 전화를 했는지, 어떻게 소식을 전해왔는지 꼬치꼬치 묻는다. 계약조건이나 향후 우리가 준비해야 하는 내용도 챙겨본다.

"이 차장은 이번 성공의 비결이 무엇이었다고 생각해?"

"음…. 저번에 들었던 것처럼 환상의 팀워크요?"

"그래, 환상의 팀워크도 성공의 비결이지."

"이 차장 개인적으로는 어떻게 한 것이 가장 효과적이었던 같아?"

잠시 생각하던 이 차장이 대답한다.

"들이댄 거요?"

"들이댄 거?"

내가 좀 갸우뚱하자 이 차장이 말을 받는다.

"사실 워크숍 이후에 제가 그동안 좀 소극적이었다는 생각을 했어요. 그래서 그 이후로 모든 일에 적극적이어야겠다고 생각했죠. 먼저 무언가 들이대려고 하다 보니까, 더 준비를 해야 하더라고요. 그렇게 준비하면서 열심히 들이대다 보니까 더 잘할 수 있었던 것 같아요."

"그거 말고는?"

"사실 김 대리도 열심히 도와줬고, 다른 팀에서도 지원을 많이 해줬고요. 팀장님도 많이 도와주셨잖아요. 운도 좀 좋았던 것 같고…. 많은 요소가 있겠지만, 저 개인적으로는 마음의 부담을 내려놓고 자신 있게 한 게 컸던 것 같습니다."

"그랬구나, 그 들이댄 게 좋은 결과를 만들었구나. 앞으로 우리 일할 때 계속 들이대보자."

"하하하! 하하하!"

통쾌하고, 행복하고, 속 시원한 웃음이었다.

우리는 한 팀

강 차장 주도로 관련 팀 회의가 소집되었다. 이번에 수주한 프로젝트가 워낙 큰 규모이기도 하고, 그동안 준비를 하면서 수정된 내용들이 있었다. 고객사가 우선 협상자로 우리를 선택했지만, 아직까지 도장을 찍은 건 아니다. 참가한 사람들이 정확한 내용을 이해하고, 실제 준비를 해야 할 필요가 있었다.

"오늘 이 자리에 참석해주어서 감사합니다. 우리가 우선 협상자로 결정된 배경에는 여러분의 도움이 컸습니다. 이번 프로젝트가 성공적으로 진행될 수 있도록 많은 지원 부탁합니다."

담당 팀장으로서 모두에게 공식적으로 인사를 한다.

"그럼, 지금부터 제가 프로젝트 최종 제안 내용과 우리가 준비해야 할 부분에 대해서 말씀 드리도록 하겠습니다."

불이 꺼지자 강 차장이 프로젝트를 띄워놓고 설명을 시작한다. 전체

개요와 내용, 진행사항 등을 설명할 때까지는 괜찮았다. 그런데 제안 범위, 예산 쪽으로 넘어가면서 작은 소리가 들리는 것이 느껴졌다.

"저기…, 이거 처음 준비한 것과 많이 다른데요?"

우리 회사에서 비용 관련 업무를 맡고 있는 최 차장이 갑자기 반론을 제기한다.

"끝까지 듣고 이야기하지?"

내가 강 차장을 도와주기 위해서 한마디 한다. 눈빛으로 강 차장에게 계속하라는 사인을 보낸다. 강 차장은 준비된 내용을 계속해서 설명한다. 그러나 직감적으로 뭔가 불만이 많다는 것을 느낄 수 있다.

발표가 끝나고 불이 커진다. 앞에 앉은 다른 팀 사람들의 얼굴을 살펴보니 온통 찌그러져 있다.

"처음에 준비했던 것과 내용이 좀 바뀐 게 있어. 고객의 요구사항에 대응하다 보니 그런 점이 있긴 해. 하지만 중요한 건 그런 상황 속에서도 우리의 능력을 발휘해서 거기에 대응해야 하는 것 아니겠어? 여러분이 잘 좀 도와줘…."

솔직하게 이야기를 할 필요가 있었다.

"이건 내용이 조금 바뀐 게 아닌데요. 이렇게 해서는 우리 쪽에 수익성이 없어요."

최 차장이 대놓고 반대를 한다.

"말을 왜 또 그렇게 하나? 우리가 장사 하루이틀 하나? 내용에 맞게 수정하고, 맞춰나가는 거지."

나도 좀 욱하는 게 있다. 다 회사를 위한 일이고, 고객사의 어쩔 수 없는 요구에 우리가 따라갈 수밖에 없는 부분이 있다.

"그래도 수정해서 맞출 부분이 있고, 못 맞출 부분이 있는데⋯. 정도가 좀 심한데요. 이 정도라면 저희 팀에 미리 말씀을 해주셨어야 하는 거 아닌가요?"

최 차장이 오늘은 평소보다 좀 심하다.

"최 차장님, 그건 제가 설명해드릴게요."

강 차장이 나선다.

"저희가 PT 준비하면서 발표하기 전 주말에 고객사 담당자가 몇 가지 정보를 주었습니다. 최 차장님도 저랑 같이 고객사 들어갔을 때 한번 봤던 분."

너도 알지 않느냐는 눈빛을 강 차장이 보낸다.

"월요일에 당장 PT 해야 하는데, 수정을 안 할 수가 없었습니다. 그리고 최 차장님은 주말에 안 계셨잖아요. 그래서 저희가 작업을 했고, 제가 PT 들어가기 전에 제안 범위가 좀 늘어났다고 말씀드렸죠. 기억나시죠?"

최 차장이 조금 당황하는 표정을 짓는다.

"아니, 난 조금 늘어났다고 해서 그런 줄 알았다고 했지. 이렇게 많이 바뀌었는데 이게 어떻게 조금이야? 아, 미치겠네."

최 차장의 얼굴이 빨갛게 확 달아오른다.

"미치겠다가 뭐야? 우린 뭐 몰라서 그런 줄 알아? 우리도 알아. 하지만 어떻게 해? 고객사에서 요청하는 게 있고, 이번 경쟁 PT에서 따와야 하니까 그런 거 아니야?"

언성이 높아진다.

"그럼, PT 준비할 때 주말에 나와서 도와주든가. 우리 고생할 때는 가만히 있더니만, 지금 와서 되니 안 되니 불만이야? 아유 진짜!"

나도 열이 받아 그만 터져버리고 말았다.

나의 말이 끝나고 아무도 말하지 않는다. 고개를 숙이고 있거나, 다른 데를 쳐다보고 있다. 순간 회의실이 얼어버렸다. 오늘 회의가 이렇게 될 줄은 예상하지 못했다. 어떻게 해야 하나 당황스럽다.

"오늘 이야기하려고 했던 부분은….."

강 차장이 회의 주제를 이야기하지만, 앞에 앉아 있는 다른 팀 사람들의 얼굴이 너무 굳어 있다. 이렇게 해서는 답이 안 나올 것 같다. 강 차장이 의견을 좀 내놓으라고 하지만 아무도 말을 않는다.

"우리 팀이 생각하는 것과 각자 팀에서 생각하는 것이 좀 다른 것 같으니까 고민해서 다시 만납시다. 오늘은 여기까지만 하고….."

나의 이야기에 강 차장이 다음 미팅일정을 잡으려고 하지만, 다들 스케줄을 확인해봐야 한다고 한다.

예상치 못한 벽에 부딪혔다. 밖에서 치열한 경쟁을 뚫고 가져왔건만, 내부의 벽에 막혀버렸다. 준비할 게 산더미 같은데 어찌해야 할지 당황스럽다.

숨은 이유를 찾아라

장원이 형의 사무실로 찾아갔다. 이럴 때 가장 먼저 생각난 것도 형이고, 가장 잘 도와줄 수 있는 사람도 형이라고 생각했다. 직원의 안내를 받아 형의 방으로 들어간다.

"형, 바쁜데 나 때문에 시간 뺏기는 거 아니야?"

"내 일이 일하는 사람 도와주고 성공시키는 거다. 제대로 시간 쓰는 거야. 걱정하지 마."

이 말에 미안함을 조금 내려놓는다. 내어준 커피를 맛있게 한 모금 마신다.

"형 사무실은 참 차분하네. 집중해서 일하기 좋겠어."

부드러운 미소를 지으면서 말한다.

"맞아, 조용하게 일하다 보면, 하루가 금방 가버려. 좋아하는 일을 편하게 할 수 있으니 감사하지. 그런데, 문제가 생겼다는 게 뭐야?"

어제 회의실에서 있었던 일을 설명한다. 우리 팀은 고생해서 고객들 상대하고, 열심히 준비해서 프로젝트를 겨우 따왔는데, 실제 일을 진행할 팀에서 반대한다. 내부에서 도와주지는 못할망정 너무 자기 팀 생각만 하고 이기적이라는 생각을 털어놓는다. 형은 한참을 내 불만에 대해서 들어준다.

"그랬구나."

그리곤, 깊이 생각하는 듯하다.

"상대팀에서 그렇게 나온 이유는 뭐라고 생각해?"

최 차장이 왜 그렇게 나왔을까?

"아무래도 잘못 계산하면 자신이 책임져야 하는 부분이 생기니까 그랬을 걸?"

"본인이 책임져야 하는 게 전부니?"

"뭐 아무래도 문제가 생기면 회사에도 타격을 입힐 수 있고, 우리가 고생한 게 없어질 수도 있지. 나중에 손해가 생길 수 있으니까…."

"손해가 어느 정도 생기는 거야?"

"뭐 위험한 건 보험을 드니까 나름대로 보완이 되겠지만, 잘못하면 회사가 이익은커녕, 큰 손실을 볼 수도 있지. 뭐 그런 걸 실제로 본 적도 없고 그 정도 규모도 아니지만, 만약 아주 크게 잘못되면 회사가 엎어질 수도 있고."

말하다 보니 잊고 있었던 위험관리의 중요성이 느껴진다.

"음…, 상대팀이 행동이나 말하는 방법에서 잘못했을 수는 있었겠지만, 본인의 입장에서는 짚어야 할 걸 짚은 거네?"

조용히 고개를 끄덕인다.

"너희 팀에서 원하는 것은 뭐야?"

"우리 팀은 일을 진행시키는 거지. 우선 협상 대상자가 되었으니까 그에 맞게 준비를 해서 얼른 도장을 찍어야지. 그래야 실제로 돈이 들어오니까…."

"그게 손해가 나도 괜찮은 거니?"

"그건 당연히 아니지. 손해를 일으키지 않고 이익을 만들어내야지."

내 입으로 이렇게 말하고 나니, 더욱더 최 차장과의 협력이 중요하다고 느껴진다.

"그래, 너도 그걸 원하네."

"이야기하고 나니까 그러네. 아니, 형하고 이야기할 때는 이렇게 잘되는데, 회의할 때는 왜 그랬지? 결국 같은 걸 원했던 건데….."

"내용보다 형식에서 문제가 있었겠지?"

"아니, 내가 문제가 있었다고?"

내가 옛날부터 써오던 유머다. 내 이름만 나오면 이렇게 자동반사로 반응하게 된다.

"흐흐, 너 말고…. 말을 하는 태도나 절차."

"크크, 알아. 계속 말해."

"이런 부분이 사실은 서로 대화하거나 회의할 때, 생각보다 많은 문제를 만들곤 해. 그러니까 다시 회의를 할 때는 이런 부분이 상처가 되지 않도록 미리 룰을 정해서 이야기하는 게 좋을 거야."

"그런데 룰만 가지고 되는 건 아니잖아?"

"그렇지. 그래서 숨은 이유가 중요해."

"숨은 이유?"

"너희 팀은 겉으로 보면 조건이 어떻든 빨리 일을 진행하자는 입장이고, 상대팀은 안 된다는 입장이었잖아. 이렇게 겉으로 부딪힐 때, 이러한 조건만 가지고 이야기하면 싸우는 것 말고는 방법이 없어. 이럴 때는 서로의 숨은 이유를 찾아야 해."

집중해서 듣는다.

"방금 전에 네가 이야기한 것처럼, 상대팀도 이 일을 무조건 막으려고 하는 것이 아니라 안전하게 진행하자는 거고, 너도 거기에는 동의했잖아? 이렇게 서로 마음속에 가지고 있는 숨은 이유, 숨은 공통점을 찾아 거기서부터 이야기를 시작해야 방법을 찾을 수가 있어."

"숨은 이유는 어떻게 찾아?"

"몰라?"

진짜 모르느냐 듯 나를 쳐다본다.

"음…. 경청?"

형의 고개를 살짝 끄덕여준다.

"아, 이야기를 잘 듣고, 어찌 되었든 서로 말은 안 했지만 의도했던 바를 알고, 거기서 서로 일치하는 부분에서 답을 찾기 시작해야 되는 거구나…."

"그렇지."

형은 나에게 인정의 눈빛을 보내며 이야기를 잇는다.

"거기서 창의적인 아이디어, 다양한 생각들을 가능한 많이 만들다 보면, 그 안에서 해결방법을 찾을 수 있을 거야."

"아, 그러면 되는구나…."

"사실 서로가 모여서 이야기하는 것은 여러 사람의 시간을 쓰는 거잖아. 5명이 모이면 1시간을 회의해도 5시간을 쓰는 거고. 그러니까 효과적으로 쓰는 것이 필요해. 그러려면 철저한 준비가 필수고…."

형의 이야기를 듣고 나니, 내가 너무 안일하게 회의에 들어가지 않았나 하고 반성하게 된다.

"고마워요, 형. 몰랐던 해결방법을 찾았네."

"고맙긴, 넌 잘할 수 있을 거야."

형을 만나면 언제나 힘을 얻고 오는 데는 이런 믿어주는 말, 신뢰의 눈빛 때문이 아닌가 싶다. 이것 역시 사람을 움직이게 만드는 숨은 이유일 것이다.

사과

사무실로 걸어오면서 진지하게 생각해보았다. 내가 최 차장의 입장이라면 어떨까? 자신에게 동의를 구하지도 않고, 내용을 확 바꿔버렸다면 무시당했다는 느낌이 들 것 같다. 그리고 PT 전 주말에는 못 나왔지만, 사실 그 전까지 누구보다 열심히 우리 팀을 도와주었다. 그 주말에도 집에 일이 있어서 못 나온다고 미리 양해를 구했다고 전해 들었다. 나 같아도 억울할 것 같다. 그러고 보니, 미안하다.

사실 수고했다고 인정해주고, 칭찬해주고, 그다음에 문제가 되는 부분을 해결했어야 하는 건데, 우리 팀만 수고했다는 생각에 도와준 사람들을 생각하지 못했다. 다 내 실수인 것 같다. 핸드폰을 꺼내 전화를 건다.

"최 차장, 나 이 부장인데 지금 자리에 있어? 어, 그럼, 30분 후에 우리 회사 뒤에 있는 커피숍 알지? 거기서 보자."

아무래도 딱딱한 회의실보다 편안한 곳에서 이야기해야 마음이 좀 더 쉽게 풀릴 것 같다.

커피숍에 들어가 햇살 좋은 창가 자리 소파에 앉는다. 뭐라고 이야기하면 좋을지 머릿속으로 정리해본다. 나름 늦은 겨울 오후의 여유로움이 좋다. 얼마 만에 이런 편안함을 느끼는지 모르겠다. 내 마음도 따뜻해지는 것 같다.

잠시 후 최 차장이 문을 열고 들어온다. 자리에서 일어나 최 차장에게 다가간다. 나에게 꾸벅 하고 인사를 한다. 아직까지 얼굴이 굳어 있다. 나도 살짝 고개를 숙여 인사를 받아준다.

"뭐 마실래?"

"저는 아메리카노 마시겠습니다."

"여기 아메리카노 두 잔 주세요."

계산을 하고, 잠시 기다렸다가 커피를 받아 들고, 햇살이 비치는 창가 자리로 간다.

자리에 앉아 커피를 한 모금 마신다. 잠시 이야기가 없다.

"무슨 일로 저를 부르셨어요?"

최 차장이 좀 어색했나 보다.

"어…. 사과하려고."

"네?"

최 차장이 짐짓 놀란다.

"사실, 이번 프로젝트 준비하는데 최 차장이 누구보다 수고했는데, 내가 그걸 잊고 어제 너무 심한 소리를 한 것 같아서…. 곰곰이 생각해보니 나였으면 너무 억울했을 것 같아. 그래서 미안하다고…. 이 말하려고 불렀어."

"아니에요. 팀장님."

최 차장이 손사래를 친다.

잠시 침묵이 흐른다. 최 차장이 말을 잇는다.

"제가 끝까지 도와드리지도 못했는데, 이러시면 어떻게 해요? 사실 저도 요즘 집에 힘든 일이 많아서 조금 쌓인 게 있었거든요. 그런데, 생각했던 것과 다른 이야기가 나오고, 결국 또 뭔가 해야 된다는 생각에 짜증이 났었나봐요. 죄송해요. 팀장님…. 사실 사과를 드려야 하는 건 전데…."

"아니야, 아니야. 그런데, 집에 무슨 일 있어?"

"네, 부모님이 좀 편찮으세요…."

이야기가 한참 동안 부모님 이야기로 넘어갔다. 얼마 전까지 아버님께서 편찮으셨는데, 조금 좋아질 만하니 어머님께서 편찮으시다고 한다.

"나도 전에 어머님이 편찮으셔서 그게 얼마나 힘든 줄 알아. 나이 들어가는 부모님은 점점 약해지시고, 치료를 해도 나아지는 건 별로 없고…. 얼마나 힘들었겠니? 미안하다."

최차장의 눈이 빨개진다. 한동안 말없이 창밖을 바라본다.

조금 진정이 되었는지 커피를 한 모금 마시고 말한다.

"부장님, 이번 건은 제가 꼼꼼히 다시 살펴볼게요. 기존 내용들을 알고 있으니까 잘 찾아보면 방법이 있을 거예요."

"그래 주면 고맙지, 우리 쪽에서도 금액만 너무 내리면 힘들다고 해서, 받아온 조건들이 있어. 기간 조정과 범위 부분…. 그것들을 잘 살펴보면 답을 찾을 수 있을 것 같아."

"네, 팀장님이 그냥 그러시지는 않을 거라고 생각했어요."

이제야 최 차장 얼굴에 화색이 돈다.

"크크. 그렇지?"

자리에서 일어서며 최 차장의 어깨를 툭 한번 친다.

커피잔이 놓인 쟁반을 치우는 최 차장을 잠시 기다렸다 커피숍을 나온다. 회사로 걸어가며 한마디 더 건넨다.

"난 사실 최 차장이랑 일하면 믿음이 가. 아무리 어려워도 해내리라는 믿음이 있어. 그래서 좀 마음대로 했던 것 같아. 앞으로는 최 차장 입장도 좀 생각해서, 아니 물어가면서 할게."

"아니에요. 팀장님…. 저 누구보다 믿어주시는 걸 아는데요, 뭐. 지금처럼 막 다뤄주세요. 열심히 할게요."

웃으며 최 차장의 어깨를 감싼다. 생각보다 어깨가 크고 넓다. 이렇게 믿음직할 수가 없다.

팀의 이익이 아니라 회사의 이익

대회의실에 다시 프로젝트팀 전원이 모였다. 저번 회의 때 일도 그렇고 해서 미리 다과도 넉넉하게, 커피도 좋은 것으로 준비하라고 했다. 미리 와서 커피를 마시며 들어오는 친구들하고 일일이 악수하면서 그간 수고했다는 마음을 전했다.

"오늘 두 번째 모임이네. 전에 좀 어색했었지? 흐흐."

최 차장을 보며 웃는다. 최 차장은 멋쩍은 듯 슬쩍 웃음을 내비친다.

"요즘 경제 상황이 어려운데 이렇게 큰 프로젝트를 가지고 온 건 정말 감사할 일이라고 생각합니다. 하지만, 전에 이야기를 나눈 것처럼 풀어야 할 숙제가 많은 것도 사실입니다. 난 여기에 우리 회사에서 가장 유능한 전문가들이 모였다고 생각합니다. 우리 모두 머리를 모아서 좋은 방법을 찾아내봅시다."

왠지 부드러워진 느낌이다.

"최 차장부터 여기 모인 모두가 이 프로젝트에 들어가면서 어떤 마음인지 한마디씩 해볼까요?"

최 차장은 나를 한번 쳐다보고는 이야기를 시작한다.

"우리 영업팀이 고생을 많이 했습니다. 어렵게 따온 것 헛되지 않도록 열심히 서포트하겠습니다."

저번 모임에서 가장 날을 세웠던 최 차장이 이렇게 나오니 다른 팀 팀원들도 열심히 해보겠다고 의사를 밝힌다. 강 차장에게 회의진행을 넘기고 난 자리에 앉아 지켜본다.

미리 준비해온 각 부서의 입장을 공유한다. 모든 팀의 이야기를 듣자 강 차장이 회의진행을 시작한다.

"그럼, 오늘 이 고객사의 문제를 어떻게 해결할까요?"

강 차장의 이야기에 나는 다르게 보자는 제안을 했다.

"오늘 회의주제를 조금 바꿔보면 어떨까요? 각 팀의 상반된 의견을 조율하는 것이 아니라, 어떻게 하면 이번 프로젝트에서 우리 회사의 이익을 극대화시킬지에 대한 것으로요."

다들 이해를 못하는 것 같아 조금 더 부연설명을 한다.

"우리가 서로 다른 각 팀의 입장을 조율하는 쪽으로 회의를 하다 보면, 여기에 모인 각 팀의 대표들이 자기 팀의 이익을 극대화하는 쪽으로 대화가 흐를 것 같습니다. 그것보다 우리 회사의 입장에서 이익을 극대화할 수 있는 방안을 찾다보면, 우리가 모두 한 팀이라는 관점에서 이야기를 나눌 수 있을 것 같아서 제안하는 겁니다. 어떤가요? 그렇게 해보는 것이?"

모두들 동의한다는 입장이다. 다시 강 차장에게 진행하도록 요청했다. 강 차장은 어떤 의견으로 회의를 진행할지 안건을 모으고 순서대로 브레인스토밍을 요청한다. 포스트잇을 나눠주고 각자 아이디어를 적어보자고 제안하기도 한다. 전에 워크숍 때 배운 것을 여기서 써먹는 것이다. 강 차장이 많이 발전했다는 것이 느껴진다. 나도 적극적으로 호응한다.

"자, 그럼 각자 포스트잇에 적은 것을 여기 벽에 붙여서 그룹핑grouping 해봅시다."

처음 하는 거지만 능숙하게 사람들을 이끈다. 이제 모든 모습에서 자신감이 보인다.

"여러분, 각 팀에서 생각하는 바를 충분히 말씀하셨나요? 하나씩 다시한 번 검토해볼까요?"

각 안건마다 모두 한마디씩 이야기를 한다. 과자도 먹고 커피도 마시면서 이야기를 하니 회의를 하는 것이 아니라 수다를 떠는 것 같다. 그래도 누구 하나 빼지 않고 자신의 이야기를 편안하게 이야기한다.

"그럼, 우리가 각자 해야 할 것을 중요한 순서대로 우선순위를 정해봅시다. 우리 영업팀은 오늘 회의한 것 정리해서 여러분에게 공유하겠고, 고객사에 부탁하기로 한 자료를 부탁하고…."

강 차장이 우리 팀에서 할 일을 먼저 쭉 이야기한다. 각 팀에서도 자신들이 실행할 부분에 대해서 발표한다. 쭉 들어보니 이렇게만 되면 문 170·171

제없을 것이라는 확신이 든다.

"더 말씀하실 것 있나요?"

강 차장이 전체를 둘러보며 확인한다.

"자 그럼, 다음 주 이 시간에 여기서 다시 만나기로 하고, 오늘은 박수로 마치도록 하겠습니다."

모두가 기쁜 마음으로 박수를 쳤다. 이 프로젝트가 앞으로 어떻게 될지는 걱정하지 않아도 될 것 같다.

20

기적 같은 변화

시간이 참 빨리 흐른다. 지난 연말에 워크숍을 진행하고 3개월의 시간이 지나갔다. 계획대로 이 코치님을 모시고 그룹코칭을 하기로 했다. 그동안의 실천사항에 대해서 점검하는 시간이다. 각자 실천 점검표를 가지고 회의실에 모였다.

회의실에는 다과가 준비되어 있고, 부드러운 커피향이 가득하다. 장원이 형과 악수를 나누고 고맙다는 인사를 다시 한 번 건넨다. 모두가 왔음을 확인하고 자리에 가서 앉는다.

"반갑습니다. 우리가 처음 워크숍을 통해 만난 지 12주가 지났네요. 그동안 이 팀장님을 통해서 여러분의 실천사항을 전해 들었습니다. 모두가 열심히 하셨다는 이야기를 듣고 무척 기뻤습니다. 오늘은 여러분의 목소리를 통해 어떤 변화가 있었는지 살펴보도록 하겠습니다."

얼굴에 미소가 가득하다. 나도 저절로 미소가 지어진다.

	첫 워크숍	12주 후	증감
공동의 목표	2.8	3.6	+0.8
상호책임감	2.4	3.0	+0.6
헌신	3.1	4.6	+1.5
개방	2.7	3.6	+0.9
신뢰	3.4	4.6	+1.2

최고의 성과를 창출하는 팀의 요소

영업 2팀 활성화 평가

먼저 준비된 프레젠테이션 자료를 통해 그동안의 진행되었던 내용을 보여준다. 워크숍에서 토론되었던 내용, 각자 작성했던 실천계획서, 새로 만들어진 칭찬게시판 등의 사진과 내용이 보인다.

"자, 지금부터 보여드릴 슬라이드는 우리가 처음 이 프로젝트를 시작하기 전과 후의 팀 활동성을 보여주는 것입니다."

새로운 그래프에서는 어느 항목 빠지지 않고 모든 항목에서 점수가 좋아졌다.

"사실 프로젝트를 시작하기 전에는 신뢰 부분을 제외하고는 모든 사항에서 문제가 있었다고 볼 수 있는데, 지금은 한 부분도 빠짐없이 중간 이상, 긍정적인 모습을 보여줍니다. 그동안 기적 같은 변화가 있었다고 말할 수 있겠죠?"

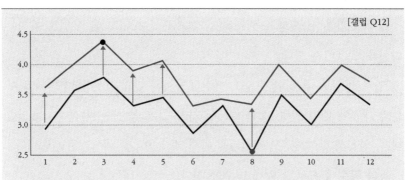

팀워크

1. 회사에서 내 의견을 중요하게 여기는 것 같다.

2. 회사가 목표를 달성하는 데 나는 중요한 몫을 한다.

3. 내 동료들은 가치 있는 일을 하고 있다.

4. 나는 회사에 절친한 친구가 있다.

성장 가능성

5. 나의 발전에 관해서 회사 내 누군가와 대화를 나눴다.

6. 회사에서 학습하고 성장할 기회를 가진 적이 있다.

개인에 대한 관심, 인정

7. 내가 가장 잘할 수 있는 일을 할 기회를 갖는다.

8. 1주일 동안 업무와 관련해서 인정, 칭찬을 받은 적이 있다.

9. 나를 한 사람의 인간으로 인정하고 관심을 가져준다.

10. 회사에서 나의 계발을 장려해주는 사람이 있다.

정보, 자원 이용

11. 나는 회사가 나에게 무엇을 기대하는지 알고 있다.

12. 나는 일을 하는 데 필요한 정보와 자원을 갖추고 있다.

영업 2팀 설문조사 결과

모두가 "오…!" 하는 탄성과 함께 뿌듯함에 서로를 쳐다본다.

"다음의 표는 여러분이 얼마나 몰입해서 일하고 있는지를 보여주는 것입니다."

검정색 꺾은 선 그래프 위로 빨간 그래프가 보이고 온통 위로 향하는 화살표가 그려져 있다.

"업무 몰입도 역시 한 부분도 빠짐없이 상승했습니다. 특히 팀워크 부분과 개인에 대한 인정·칭찬 부분이 가장 높이 상승하였음을 볼 수 있습니다. 열심히 참여해주신 여러분을 위해 제가 박수를 쳐드리고 싶습니다."

형의 박수에 모두가 함께 박수를 친다.

"정량적인 평가로 이번 프로젝트가 얼마나 성공적이었는지는 확인이 되었으니까, 정성적으로 여러분은 어떻게 느끼셨는지 이야기를 들어볼까요?"

맞은편에 앉아 있던 이 차장을 바라본다.

"제가 먼저 시작할까요?"

주변을 둘러본 후 무언의 동의를 얻고 이야기를 시작한다.

"제가 이번 실천계획으로 잡았던 것은 하루에 하나, 먼저 행동하기였습니다. 고객에게도 먼저 전화하고, 먼저 방문하고, 할 일이 있으면 미루지 않고 먼저 행동하기였습니다. 사실 큰 기대하지 않고 시작했었는데, 이렇게 먼저 들이댔더니만 많은 것이 변했습니다."

들이댔다는 포인트에서 웃음이 터져 나왔다.

"아시겠지만 우리 쪽으로 프로젝트 큰 거 하나 따왔고요. 흐흐."

다들 좋아한다.

"무엇보다 중요한 건 자신감을 얻은 부분입니다. 예전에는 할까 말까 망설이던 일들을 먼저 나서서 하다 보니 일에 대한 두려움이 사라지고, 자신감이 생기더라고요. 그러다 보니 일도 더 재밌어지고요. 코치님 덕분에 많은 걸 배웠습니다. 감사합니다."

이 차장이 고개 숙여 인사하니 다들 박수를 쳐준다.

왼쪽에 앉아 있던 강 차장이 이 코치님의 눈빛을 받고 자연스레 말을 잇는다.

"저 역시 이번 프로젝트를 통해서 많은 것을 얻었습니다. 실질적으로 영업실적에 큰 도움을 받았습니다. 이 부분은 앞서 이 차장도 이야기한 부분이니까 저는 다른 부분을 말하겠습니다. 저는 사실 가족과의 관계가 좋아졌습니다."

갑자기 이게 무슨 말인가 싶어 관심이 간다.

"사실 워크숍을 하기 전에 중학생 딸과 갈등이 많았습니다. 그런데, 코치님이 가르쳐주신 대로 많이 들으려고 노력했습니다. 그랬더니만 딸이 조금씩 이야기를 하더라고요. 얼마 전에는 아빠가 만날 잔소리만 했는데, 요즘에는 자기 이야기를 들어줘서 좋다고 하더라고요. 아내도 이야기를 잘 들어줘서 좋다고 하고요. 그래서 집안 분위기가 아주 좋아졌습니다. 감사합니다."

강 차장도 고개 숙여 인사하니, 모두 박수를 쳐준다. 나도 집에 돌아가서 강 차장처럼 해야겠다는 생각이 든다.

"워크숍에서 배운 내용을 단순히 스킬로만 받아들이지 않고, 자신의 삶 전체로 받아들여주신 강 차장님께 감사드립니다."

형이 진심으로 고마움을 표현한다.

김 대리는 실천계획으로 잡은 고객방문 계획을 어쩔 수 없었던 3일 빼고는 다 실천했다고 해서 박수를 받았고, 박 대리는 하루 1명 칭찬계획과 더불어서 살빼기 계획을 개인적으로 진행했는데, 칭찬 받은 사람들이 술을 너무 많이 사줘서 살빼기 계획은 실패했다고 밝혔다. 나도 살빼기 계획을 실패시키는 데 일조해서 미안하다고 한마디 했다. 박 대리는 칭찬게시판에 가장 많은 글을 남겨 상품도 받았다.

막내 주호는 책 읽기를 기한 내에 실천했고, 내용을 정리해서 보낸 것과 팀 회의 때 발표한 것을 이야기했다. 또한 추가적으로 책을 읽고, 가능하면 한 달에 한 번씩은 내용 정리한 것을 공유하겠다고 했다. 그리고 나와 약속했던 고객사 방문과 전화하기, 이메일 보내기는 약 85% 정도 실천하고 있다고 실천관리표를 살짝 들어 팀원들에게 보여주었고, 선배들은 그 정도면 잘한 거라고 인정해주었다.

마지막으로 내 차례가 되었다.

"먼저 이번 프로젝트를 성공적으로 이끌어주신 이 코치님께 다 같이 박수!"

말 그대로 우레와 같은 박수를 다 같이 보냈다. 형은 고개 숙여 감사함을 표시한다.

"사실 워크숍을 시작하기 전까지만 해도 잘될 수 있을까 반신반의 했습니다. 그런데, 워크숍이 진행되면서 우리 팀에 많은 변화가 있었던 것 같습니다. 모두들 각자가 하는 활동에 관심을 가져주고, 인정해주고, 칭찬해주고…. 그리고 열심히 하다 보니 가시적인 성과도 많이 얻었습니다. 1분기에 우리가 보여준 모습대로만 한다면 우리가 계획한 부분은 분명히 달성할 수 있을 것입니다."

김 대리가 "와!" 하며 박수를 치자, 다들 따라 친다.

"무엇보다 고마운 것은 우리가 자신감을 얻었다는 겁니다. 지금의 자신감이라면 못할 일이 없을 것입니다. 이 느낌 그대로 올 한 해 우리 모두 열심히 달릴 것을 기대합니다."

고개 숙여 인사하고 진심으로 함께 박수를 쳤다. 이젠 자신감이 생겼다.

불을 붙이는 사람

'치열하게 살면 편안해진다.

편안하게 살면 치열해진다.'

장원이 형의 페이스북을 보다 보니 이런 글귀가 눈에 띄었다. 치열하게 살면 편안해지는 건 이해하겠는데, 편안하게 살면 치열해진다고? 잘 이해가 되지 않는다. 댓글을 남긴다.

'그냥 편안하게 살면 인생이 편해지는 것 아닌가?'

한참 후에 핸드폰에 댓글이 있다고 알림창이 뜬다.

'네 말도 맞고⋯. 난 인생에는 시간이라는 변수가 있다고 생각해. 시간이 흐르다 보면 누구나 인생의 오르막과 내리막을 만나게 되지. 이때 치열하게 살면 잘 넘어갈 수 있고, 편안하게만 살면 그 언덕에 걸려 치열해질 수 있다는 이야기.'

'넌 잘 사니?'

문자가 하나 더 뜬다.

사실 프로젝트가 끝나고, 많이 바빠졌다. 그러다 보니 헬스클럽도 그만 다니게 되었고, 일에 빠지다 보니 형과 연락하는 것도 잊고 지냈다. 조금 미안했다.

'난 잘…'이라고 쓰다가 잠시 멈칫거려진다.

난 정말 잘 살고 있는가? 고민이 된다. 프로젝트 이후 한두 달 정도는 잘 진행되었던 것 같다. 그러다 보니 더 많은 일들이 쌓이고 지쳤던 것 같다. 나뿐만이 아니라 우리 팀원들도.

지금의 나는 음…, 예전에 비해 바뀌기는 했다. 한 단계 성장한 것 같기는 하다. 하지만, 자신 있게 잘 산다고 하기에는 조금 그렇다.

'형, 나는 그럭저럭 잘 살아.'

'그럭저럭?'

바로 답장이 온다.

'일이 많아져서 좀 지치기도 하고, 형과 함께 했을 때의 즐거움도 많이 사라진 것 같아. 형, 미안…. 내가 자주 연락했어야 하는 건데….'

'미안하긴. 다 그런 거지….'

'형, 우리 술 한잔 할까?'

생각보다 답변이 늦다. 술 때문에 그런가 하는 생각도 든다.

다시 문자가 왔다.

'너, 준호가 제주도에 게스트하우스 오픈한 거 알지?'

'어, 얼마 전에 소식 들었어.'

'나, 다음 주에 거기 가기로 했는데 같이 갈래?'

순간 고민된다. 생각지도 못했던 여행이다. 다음 주 주말이면…. 일정을 살펴보니 특별한 일이 없긴 하다.

'정확히 언제?'

'금요일 저녁에 가서, 토일 보내고 일요일 저녁에 올라오자.'

'비행기 표가 있을까?'

'찾아보면 있을 거야.'

형에게 그동안 연락 못했던 것도 미안하고, 그렇지 않아도 준호가 게스트하우스 오픈했다고 했을 때 나도 한번 가보고 싶었다. 이참에 머리도 식히고, 편하게 제주도 구경도 해봐야겠다.

'그래, 형. 같이 가자.'

'오케이, 그럼 내가 준호한테 너도 같이 간다고 말해 놓을게.'

'아, 갑자기 여행 간다고 하니 설레네.'

'그런 게 여행의 묘미 아니겠니?'

'그래, 형. 그럼, 우리 다음 주에 제주도 가는 길에 봅시다.'

시간은 그렇게 흘러가고 있었다.

벗어나보니 안 보이던 게 보여

일을 마치고, 간단하게 싸놓은 가방을 들고 김포공항으로 향한다. 2박 3일이라고는 해도 편하게 쉬러가는 거라 부담이 없다.

지하철에서 내려 김포공항 쪽으로 무빙워크 위를 걸어간다. 금요일 밤이라 움직이는 사람들이 굉장히 많다. 퇴근하는 직장인처럼 보이는 사람들과 등산복 차림으로 여행하러 가는 사람들이 확실히 구분된다.

청사 2층으로 올라가 발권을 한다. 형은 오늘 오후에 일이 없다고 미리 내려갔다. 나만 시간 맞춰 내려가면 된다. 검색대를 거쳐 공항 안으로 들어간다. 시간이 20분 정도 남았다. 짧은 여행이지만 설렌다. 사실 그동안 여행이라고 하면 가족들하고 다녀온 것이 전부였는데, 왠지 혼자만의 여행인 것 같아 그런 것 같다.

잠시 출입구 앞에서 기다리다 직원의 안내에 따라 비행기 안으로 들어간다. 비행기로 이어지는 통로에 들어서면서 여행을 간다는 실감이 난다. 사람들을 따라 입구 앞에서 신문 몇 개를 집어 든다. 승무원에게 표를 보여주고 안쪽으로 들어간다.

가방을 올려놓고, 안쪽 자리에 가서 앉는다. 어렸을 때부터 나는 창가자리를 좋아했다. 창밖을 내다보니 이미 어둠이 내려 공항의 불빛 말고는 잘 보이지 않는다. 잠시 기내 잡지와 신문을 훑어본다. 승무원들의 기내 안내방송이 이어지고, 잠시 후 비행기가 스르르 움직이기 시작한다.

활주로 출발선까지 이동한 비행기는 잠시 으르렁거리더니만 속도를 붙여 달리기 시작한다. 순간 바퀴가 땅에서 떨어지는 느낌과 함께 비행기가 하늘 위로 날아오른다. 창밖으로 도시를 내려다본다. 움직이는 자동차, 불 켜진 아파트와 건물들⋯. 내가 살고 있는 일상에서 벗어나 날아오른다는 생각이 든다.

제주까지의 거리는 생각보다 짧다. 1시간이면 갈 수 있는 거리. 나의 퇴근시간과 별반 다르지 않다. 음료수 한잔 마시고, 신문 좀 살펴보니 이제 내릴 준비를 하란다. 이제 제주 여행자로서의 시간이 본격적으로 시작된다.

바다 위를 날아온 비행기는 제주공항에 덜컹하고 내려앉았다. 잠시 후 내리는 통로가 연결되기를 기다린다. 꺼놨던 핸드폰을 켜니 부재중 전화 표시와 문자가 와 있다.

'1번 게이트로 나와서 앞쪽으로 와. 차 대놓고 기다리고 있어.'

내가 몇 시 비행기를 타고 오는지 알고 있는 장원이 형이 나를 데리러 왔다. 이제 여행이 실감난다. 짐을 챙겨 비행기에서 내려 사람들을 따라 나간다. 환한 공항 안을 지나 1번 게이트로 나간다. 앞쪽으로 쭉 걸어가면서 형이 어디 있나 찾아본다. 앞쪽을 보니 비상등을 켜고 있는 렌터카가 보이고, 나를 보고 손을 흔드는 형의 모습이 보인다. 나도 환하게 웃으며 손을 흔든다. 형과 악수를 하고 차의 앞자리에 오른다.

"형, 고마워…. 데리러 와줘서."

"고맙긴…. 당연한 걸 가지고. 이제 여행을 즐기자고."

커다란 길을 따라 준호가 운영하고 있는 게스트하우스로 향한다. 준호는 손님들 챙기느라 못 나왔다고 한다. 게스트하우스도 처음이고, 준호도 오랜만이라 기대가 된다. 생각보다 한참을 간다. 형과 그간 어떻게 지냈는지 이야기를 나눈다.

큰 나무와 그네, 의자들이 보이는 곳을 지나 제주도 돌담 사이로 '탱자싸롱'이라고 적힌 게스트하우스 간판이 보인다. 차에서 내려 형을 따라 들어간다.

"야, 준호야!"

"오랜만이다."

반가움에 서로 포옹을 한다. 짐을 풀고 잠시 게스트하우스 구경을 한다. 서울에서 일 잘하던 놈이 아무 연고도 없는 제주에 와서 이런 걸 한다는 게 신기하기도 하고, 용기가 가상하기도 하다.

저녁은 이미 형과 준호가 메뉴를 골라 놨단다. 제주에 왔으니 횟집에 가서 회와 한라산 소주를 마시는 거다. 파도소리가 들리는 바닷가 횟집에 가서 자리를 잡고 앉았다. 아무래도 주제는 준호의 제주생활이었다. 어떻게 사는지, 힘든 건 없는지, 무슨 재미가 있는지.

"내가 제주에서 내려온 건 그간 달리고 있던 쳇바퀴에서 벗어나고 싶어서였어."

"무슨 뜻이야?"

형이 물어본다.

"나이는 먹고, 미래가 어찌될지는 빤한데 그렇게 살고 싶지 않더라고. 그래서 조금이라도 즐겁게 할 수 있는 일을 하려고 결정한 거지."

준호의 말에 어느 정도 공감이 간다. 그래서 그런지 궁금한 게 더 많아진다.

"벗어나니 어떠냐?"

"좋은 점도 있고, 나쁜 점도 있지. 근데 분명한 건 벗어나 보니 안 보이던 게 보이는 거야. 전에는 느끼지 못했던 것들의 소중함? 예를 들면, 동료들과 오후에 커피 한잔씩 하면서 상사 욕하던 거, 치열하게 일하던 거…. 그런 것들이 다 그리워지더라고…. 그게 싫어서 떠나왔는데…."

함께 준호의 성공과 행복을 위해 건배를 하고 술을 한잔 털어 넣는다.

그리고 생각을 해본다.

내가 잊고 있는 소중함은 무엇인지. 내가 가야 할 길은 어디인지.

불붙이는 건 다 똑같다

밤늦게까지 이야기를 나눴다. '뭍것'이라 불리는 우리는 제주생활이 궁금했고, 1년 넘게 제주를 기반으로 지낸 준호는 뭍사람의 이야기가 궁금했다.

아침잠을 마음껏 즐기려 했지만, 몸의 시계가 아침부터 울려 결국은 9시를 넘기지 못하고 일어났다. 오늘 스케줄은 오름을 하나 오르고, 그곳을 중심으로 근처 추천 여행지를 들리기로 했다. 해장으로 유명하다는 오분자기 뚝배기와 갈치조림을 먹고 아부오름으로 향한다. 부담스럽지 않은 길을 선택했다. 오랜만에 밟는 흙의 느낌이 새롭다. 낮은 길이라고 하지만 한참을 걸어 올라가니 땀이 난다. 꼭대기에 이르니 분화구 주변의 삼나무 숲이 멋스럽게 느껴진다.

시간을 두고 천천히 걸었다. 오름에서 내려와 준호에게 추천받은 길을 따라 갤러리와 박물관을 몇 군데 들렀다. 바닷가를 따라 한참을 걸었다. 이런 것이 여유가 아닐까 하는 생각이 든다. 제주의 아름다움을 몸소 느끼니 준호가 왜 내려왔는지 이해가 된다.

해수사우나로 몸을 풀고 게스트하우스로 돌아오니 이제 저녁이 가까워온다.

"저녁은 뭐 먹을까? 점심도 우럭 매운탕에 물회를 먹었더니, 해산물은 좀 그렇다."

내심 다른 게 그립다.

"흑돼지 구이 먹을래? 그렇지 않아도 얼마 전에 바비큐 그릴 장만했는데 그걸로 내가 해줄게."

준호가 우리에게 무언가 더 대접해주고 싶은 모양이다.

토요일 저녁이라 바빠 보이는 준호에게 저녁식사까지 준비시키는 건 조금 미안하다. 우리에겐 일탈이지만 준호에겐 일상인 시간들인데….

"바비큐 그릴 어디 있냐? 불은 내가 피울 테니 넌 고기만 준비해줘."

준호가 그릴과 숯, 장비들을 야외 데크 위에 준비해주고, 장원이 형이 고기와 야채, 와인 그 밖의 것들을 챙기기 시작한다. 그동안 바비큐를 많이 먹어봤지만 직접 해보기는 처음이다. 알려준 대로 가스 토치를 들고 숯에 불을 붙인다. 한참을 숯에다 대고 강력한 불을 이리저리 붙여보지만 불이 붙지 않는다. 혹시 숯이 불량품이 아닌가하는 생각이 들 정도다.

테이블 세팅을 마친 형이 와서 내가 하는 것을 살펴본다.

"너 이거 처음이지?"

뜨끔하다.

"어떻게 알았어?"

"딱 보면 알지, 이리 나와."

형에게 가스 토치와 집게를 넘겨주고 자리를 바꾼다. 형은 먼저 집게로 숯을 다시 놓는다. 숯 놓는 것만 봐도 왠지 해본 사람의 솜씨가 느껴진다. 그리고 숯 한두 개에만 계속 불을 붙인다.

"숯은 원래 불이 잘 안 붙어. 그래서 불붙이려면 이렇게 불이 닿는 몇 개에 집중해야 해."

한참을 가스 토치로 불을 붙이니 숯이 벌겋게 달아오른다. 어느 정도 불이 붙었다 싶으니 적당한 간격으로 자리 잡은 숯에 불붙은 숯을 옮겨 놓는다.

"불을 붙이다 보니 그런 생각이 드네."

형이 나를 쳐다보며 이야기한다.

"조직에 불붙이는 것과 비슷한 것 같아. 사실 사람의 가슴에 불을 붙인다는 것, 동기유발을 한다는 건 쉬운 일이 아니거든. 잘 안 붙어."

너도 알지 않느냐는 눈빛이다.

"그럴 때 쓸 수 있는 방법은 가장 가능성 높은 사람에게 정성과 에너지를 다하는 거야. 그래서 한 사람에게 불이 붙으면 결국 그 사람의 에너지와 열기로 다른 사람들에게도 불이 붙게 되는 거지."

이 말을 듣다 보니 이해가 되는 부분이 있다. 사실 처음에 형이 나에게 불을 붙였고, 워크숍이 계기가 되어서 이 차장과 강 차장이 불붙은 게 우리 팀 전체로 확산되어 나갔다는 생각이 든다.

형은 불이 붙었다고 생각했는지, 종이 박스를 접어 아래에서 살살 바람을 불러일으킨다. 그러니 점점 불이 세지는 듯하다.

"불이 붙었다 싶으면 이렇게 바람을 불어주는 게 필요하지. 전체로 불이 확산되도록 분위기를 살려주거나, 인정과 칭찬을 통해 불길을 퍼뜨리는 역할을 리더가 해줘야지 전체에 불이 붙게 되는 거야."

계속 바람을 넣어주니 정말로 불이 숯 전체로 옮겨 붙는다.

"정말 그러네."

형의 이야기를 들으니 수긍이 된다. 그리고 불붙이는 걸 보면서도 자기 일과 연관시키는 모습이 신기하다.

불이 살아난 걸 보며 난 고기를 가져다 그릴 위에 올려놓는다. 형은 고기를 굽고, 나는 와인을 따서 세팅을 한다. 고기가 노릇노릇 익어갈 무렵 준호가 밑반찬을 몇 개 들고 테이블로 와서 자리를 잡는다. 좋은 사람과 좋은 곳에서 맛있는 것을 먹으니, 행복하다는 느낌이 가득하다. 문득 나는 왜 힘들었을까 하는 생각이 든다.

"형, 우리 팀에 불이 붙었던 것은 확실한데, 요즘은 좀 꺼져가는 것 같아…. 이럴 땐 어떻게 해야 돼?"

잠시 생각하던 형이 나를 보며 대답을 한다.

"먼저 이 상황이 어떤 상황인지 잘 살펴봐야 하지 않을까?

만약에 숯에 불이 다 안 붙었는데 불이 꺼져가는 거라면 바람을 더 불어넣어줘야 하고…. 경우에 따라서는 숯이 불이 안 닿는 곳에 있거나 바람구멍이 없어서 꺼져가는 것일 수도 있거든. 그럴 때는 위치를 재조정해야 하고…. 만약 숯이 다 타버려서 꺼지려고 하는 거라면 새로운 숯을 더 넣어줘야겠지?"

형은 불붙이는 이야기를 하지만, 나는 조직을 어떻게 해야 하는지에 대한 답으로 이해가 된다.

"만약 우리 팀 전체에 불이 붙은 게 아니라면 조직 전체에 바람을 넣어줘야 하고, 만약 어느 정도 불이 붙었는데도 꺼지는 기미가 보이면 자리 배치나 역할을 재조정해서 각자 더 타오르도록 해야 하고…. 전체적으로 에너지가 다한 것 같으면 새로운 에너지가 될 만한 사람이나 일을 넣어줘야 한다는 이야기지?"

"나중에 어느 정도 시간이 지나면 판단도 해야겠지? 내가 이 불길을 더 유지해야 할지? 아니면 새롭게 시작해야 하는지도? 세상에 영원한 건 없으니까….."

형은 웃으면서 와인 잔을 잡는다.

"우리가 여행 와서 얻고자 한 것은 다 얻은 것 같은데? 자, 준호와 형식이의 불같은 성공을 위해 건배 한번 할까?"

우리 셋을 와인 잔을 치켜들었고, "불같은 성공을 위하여!"라는 큰 외침과 함께 서로의 성공을 빌어주었다. 그 순간 제주의 따뜻한 바람이 우리 모두에게 불어왔다.

22
그 후 이야기

시간은 참 빨리도 흘러갔다. 직원들 가슴에 불을 붙이기 위해 열심히 뛰었다. 무엇보다 내 가슴의 불씨를 꺼뜨리지 않기 위해서 노력했다. 연말 회식에 참석하기 위해 식당 문을 열고 들어선다. 팀원들이 모두들 자리에서 일어나 나를 맞는다.

"이사님, 오셨어요?"

밝게 웃으며 모두와 돌아가며 악수를 한다. 작년에 이사 진급한 이후로 이렇게 예전 영업 2팀 팀원들과 한자리에 모인 건 오랜만이다. 이 부장으로 승진한 이 차장이 마련한 자리다.

"제 잔 받으시죠."

이 부장이 잔을 채운다.

"고마워, 얼마 전에 이 부장 또 한 건 했지? 축하해."

"감사합니다."

이 부장은 영업 2팀장이 되었다. 우리 회사에서 가장 적극적으로 들이대는 영업부장이다.

"강 부장네 팀은 어때?"

강 차장은 회사 내 영업지원 팀 부장이 되었다.

"네, 내년부터는 회사에서 육성한 사내 코치들이 지사에 세일즈 서포터즈로 나가서 지원할 예정이에요. 요즘 그것 때문에 사내 코치들 양성 교육 하느라고 조금 바쁩니다."

"역시 본인이 잘하는 거 하는 게 최고지. 우리 회사의 최고 코치니까 잘할 거야. 팀원들도 좀 좋은 코치들로 만들어봐."

"네."

강 부장이 웃으며 대답한다.

"김 대리는 얼마 전에 나갔던 PT는 어떻게 되었어?"

"이사님, 저 차장입니다. 김 차장."

능청맞은 표정을 지으며 말한다. 우리 회사에서 요즘 프레젠테이션을 가장 잘한다는 김 차장은 주요 고객사가 잡히면, TF팀에 불려가서 프레젠테이션을 맡고 있다.

"그래, 김 차장. 잘됐어?"

"아, PT는 잘했습니다. 결과는 나와봐야 압니다. 헤헤헤."

저렇게 자신 있게 말한다면 뭔가 좋은 결과를 예상할 수 있다.

"많이들 먹어."

오랜 시간 함께 했던 팀원들과 이렇게 같이 모일 수 있는 건 축복이다.

"박 차장은 요즘 어떻게 지내?"

"박 차장님, 다른 회사로 스카우트 돼서 간다는 이야기가 있던데 어떻게 된 거예요?

막내가 갑자기 묻는다.

우리 팀의 활력소였던 박 차장이 부끄러운 듯 변명한다.

"아니에요, 이사님. 오해에요."

막내를 한번 째려본다.

"전에 영업 3팀장이셨던 권 부장님께서 밥 한번 먹자고 해서 같이 식사한 것뿐이에요."

"권 부장님은 잘 지내시나?"

"네, 옮기신 회사에서 잘나가시는 것 같더라고요."

웃으며 대답한다.

"스카우트 제안을 받은 건 사실인 것 같은데?"

"아유, 이사님이 계신데 제가 어딜 가요? 저는 이사님만 쫓아다닐 거예요."

"오⋯. 역시 스카우트 제안을 받는 사람은 달라요."

막내의 농담에 박 차장이 발끈한다.

"얘는 사수를 못 알아봐요. 코 찔찔 흘리던 시절부터 가르쳐서 키워놨더니만⋯."

"에이, 제가 언제 코를 찔찔 흘리고 다녔어요?"

막내 주호는 많이 능글맞아졌다. 다 연차가 쌓이고, 믿음이 쌓여서 그런가 보다.

"너, 신입 사원들한테 물어보니까 독종이라고 소문났더라. 그렇게 세게 굴린다며?"

"아유, 뭘 또 그렇게…. 선배님 하신 것처럼 책 좀 읽으라고 하고, 못하면 한마디씩 해주고 그런 거죠…. 흐흐흐."

이제 주호가 여유 있게 받아친다.

"모두들 오랜만에 만나니 반갑네. 다들 제자리에서 역할을 잘해주고 있는 것 같아서 기분이 좋아. 우리가 어디에 있든 잊지 말자고. 누구와 함께 있든 사람들에게 불씨가 되어주는 것이 우리의 역할이야. 모두가 활활 타오를 때가 가장 행복하고 즐거운 거야. 다들 경험해봐서 알잖아. 자, 우리 모두의 열정과 성공, 행복을 위하여!"

"위하여!"

시간은 흐른다. 누군가에게 도움을 줄 수 있는 것은 참 보람 있는 일이다. 잘 도와줄 수 있다면 그것은 더욱 멋진 일이다. 함께 하는 사람들의 가슴속에 불을 피워주는 일은 아무나 할 수 없는 소중하고, 행복한 일이다. 준비하고, 진심을 다하면 불은 붙는다. 그리고 바람은 불게 되어 있다.

불붙는 조직 만들기
5단계 프로세스

1 준비	2 점화	3 확산	4 유지	5 판단
신뢰 확보, 경청, 질문, 구성원 이해	비전 공유, 인정, 칭찬, 지속적인 헌신	성공 사례, 긍정 분위기, 강점 활용	정교한 피드백, 습관 만들기, 자원 투입	세밀한 관찰, 합리적 결정, 발전적 성찰
불을 붙이려면 준비를 해야 한다. 점화 포인트를 찾는 시간	한 명에 집중한다. 본인이 불씨가 되어 불을 붙인다.	불길 확산을 위해 달려야 할 때. 성과가 나와야 퍼져 나간다.	땔감을 계속 넣어라. 아쉬운 부분은 고쳐야 무너지지 않는다.	불이 약해질 때면 판단하라. 그대로 유지할 것인지 새 불을 붙일 것인지.
Find	Ignite	Run	Elaborate	!

현재 상황 진단하기

조직에 불을 붙이는 리더로서 얼마나 준비가 되었는지, 어떤 부분이 부족한지 진단해본다. 5점 만점으로 점수를 준다.

1단계. 준비	
팀원들의 신뢰를 확보하고 있는가?	점수 :
경청과 질문을 잘 하고 있는가?	
구성원들을 잘 이해하고 있는가?	
2단계. 점화	
비전을 공유하고 있는가?	
인정과 칭찬을 잘하는가?	
본인이 조직에 꾸준히 헌신하고 있는가?	
3단계. 확산	
현재하는 일이 성공 가능성이 높은가?	
팀의 분위기는 긍정적인가?	
팀원들은 자신의 강점을 활용하여 일하는가?	
4단계. 유지	
팀 안에서 피드백은 잘 이루어지는가?	
팀에 필요한 행동을 꾸준히 실천하는가?	
자원 확보는 용이한가?	
5단계. 판단	
팀원들의 행동을 잘 관찰하는 편인가?	
합리적인 결정을 잘 내리는가?	
일이 끝나면 성찰의 시간을 갖는가?	

해당 점수를 아래 원 그래프에 1점에서 5점 사이에 해당되는 자리에 동그란 점을 찍는다. 그리고 점을 연결하면 전체적으로 자신의 준비상태를 알 수 있다. 원에 가까우면 준비가 잘된 것이고, 찌그러진 부분이 있으면 해당 단계는 준비와 연습이 필요한 부분이다.

불을 붙이기 전에 먼저 해야 할 일은 장작을 구해오고, 준비된 자원을 잘 배치하는 것이다. 불을 일으키려면 이런 준비가 선행되어야 한다. 사실 모든 일의 결과는 준비단계에서 결정되는 경우가 많다. 실제 불을 붙이기 위해서는 이 작업이 착실하고 탄탄하게 진행되어야 하고, 성과가 나오느냐 안 나오느냐는 이 '준비단계'에 달려 있다. 어느 부분에 불을 붙일지 찾아내야 노력의 손실을 적게 하며, 효과적으로 불을 붙일 수 있다.

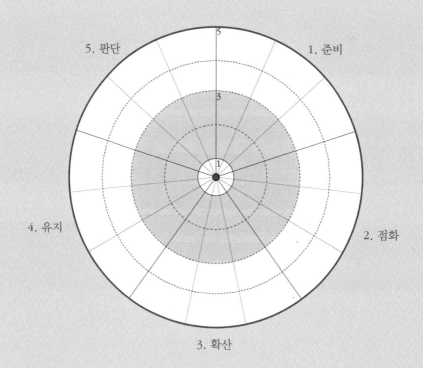

준비 Find

불을 붙이려면 준비를 해야 한다. 점화 포인트를 찾는 시간.

모든 사람 관계의 밑바탕에는 신뢰가 있다. 신뢰가 든든한 바탕이 되어주지 못하면 아무것도 쌓을 수 없다. 신뢰가 있어야 대화도 원활해지고, 이를 바탕으로 헌신도 가능해지고, 서로 도움을 주고받으면서 성과를 만들어낼 수 있다.

신뢰가 형성되어 있지 않다면 무엇부터 해야 할까? 시작은 경청이다. 내 말을 주장하는 것이 아니라 상대방의 이야기를 들어주는 것. 그것이 시작이다. 불을 붙이기 위한 첫 번째 활동은 팀원으로부터 이야기를 정성껏 듣는 것이다. 팀원이 원하는 것은 무엇인지, 무엇이 아쉬운지, 어떻게 성장하고 싶은지 들어야 한다. 그리고 내 이야기를 하기보다 팀원들의 생각을 찾기 위해 물어보아야 한다. 그래야 길이 보인다. 어떻게 팀원들의 마음을 얻고, 이끌어갈지 그 방법을 찾아야 한다.

그리고 행동의 기준을 잡아야 한다. 자신이 리더로서 팀을 어떻게 이끌지에 대한 원칙이 필요하다. 리더십에 대한 이해가 필요하다. 리더십이란 결국 함께하는 구성원들과 원하는 결과를 만들기 위해 존재하는 것이다. 첫 번째 과제는 성과다. 그렇다면 어떤 방법으로 최고의 성과를 만들어낼 수 있을지에 대한 이해가 필요하고, 자신만의 원칙을 세워야 한다.

행동원칙이 세워졌다면 그다음은 팀원에 대한 이해가 필요하다. 사람은 모두 다르다. 하지만 우리는 이 부분을 제대로 이해하지 못해서 늘 똑같은 방법을 고집하고, 그러다 원하는 결과가 나오지 않으면 화내고, 상대방이 잘못되었다고 비난한다.

개개인의 특성을 이해하게 되면 여기서 생기는 많은 갈등을 예방할 수 있다. 사람은 다 다르다. 빠른 사람도 있고, 느린 사람도 있다. 행동을 선호하는 사람이 있는 반면, 생각이 깊은 사람이 있다. 이런 특성들을 이해하면 팀원을 비난하기보다 그들을 이해하고, 성격이나 특성에 맞게 어떻게 배치하고 활용할지 전략을 수립할 수 있다. 이로서 팀원에게 맞는 업무를 부여할 수도 있고, 성과도 더 좋게 만들 수 있다.

1. 먼저 신뢰를 확보하라

□ 속도와 비용은 신뢰가 좌우한다

리더들은 자신의 업무를 수행하기 위해 팀원들과 커뮤니케이션한다. 그런데 이때 팀원들은 리더가 지시하거나 말한 것에 대해 각각 다르게 반응한다. 왜 이런 반응의 차이가 생기는 것일까? 이는 상대방을 얼마나 신뢰하느냐에 따라 반응의 정도가 달라지기 때문이다. 아무래도 많이 믿는 사람의 말은 그대로 행동하거나 곧바로 반응할 것이고, 별로 믿음직스럽지 않은 사람의 말은 의심하고 따져봐야 하니까 행동을 하지 않거나 약하게 반응할 것이다. 결국 신뢰도의 차이가 상대방의 반응 차이를 만드는 것이다. 스티븐 M. R. 코비는 《신뢰의 속도》에서 다음과 같은 공식을 소개했다.

신뢰 ↓ = 속도 ↓ 비용 ↑

신뢰 ↑ = 속도 ↑ 비용 ↓

즉, 신뢰가 낮으면 일의 속도는 떨어지고, 비용은 높아진다. 반대로 신뢰가 높으면 일의 처리 속도는 빨라지되, 비용은 떨어진다. 신뢰란 단순히 도덕적인 이야기가 아니라 기업의 성과에 직접적인 영향을 미치는 요소라는 이야기다.

□ 신뢰의 방정식

신뢰를 갖추기 위해서는 어떻게 해야 할까? 데이비드 마이스터는《신뢰의 기술》에서 신뢰방정식을 아래와 같이 소개했다.

$$신뢰 = \frac{능력 + 예측가능성 + 친밀성}{자기중심성}$$

신뢰를 갖추기 위해서는 능력이 필요하다. 해당 분야에 대한 전문성이 필요한 것이다. 신뢰에 능력이 중요하다는 말이 다소 생소하게 들리는 사람은 야구를 생각해보자. 9회말 2아웃 만루 상황에 감독은 어떤 투수를 내보낼까? 아마도 가장 믿을 만한 선수, 그 상황을 해결할 수 있는 가장 뛰어난 투수를 내보낼 것이다. 신뢰를 얻기 위해서는 해당 분야의 뛰어난 능력을 갖추는 것이 중요하다.

예측가능성은 말과 행동이 일치하는 것을 의미한다. 약속을 잘 지키는 것. 자신이 한 말에 대해서 언제나 그것을 지키는 사람에게 우리는 신뢰감을 갖는다. 일을 시키고 나서 어떤 결과가 나올지 예상이 안 되는 사람보다, 어떤 일을 맡겨도 어느 정도 이상은 해낼 것이라고 예상이 되는 사람을 우리는 더 신뢰한다.

친밀도도 중요하다. 상대와 내가 얼마나 친한가는 신뢰도에 많은 영향을 미친다. 아무래도 자주 보고 친해지면 그 사람에 대한 신뢰도가 높아진다. 반대로 처음 본 낯선 사람에게는 신뢰도가 낮다. 제로 상태에서 시작해야 하기 때문이다. 회사에서 접대비를 들여가며 고객에게 술과 밥을 사주는 이유도 바로 이것이다. 또한 팀원들과 회식을 하는 이유도 친밀도가 올라가면 신뢰가 올라가고, 그렇게 되면 앞서 설명했던 것처럼 일을 진행하는 데 시간과 비용이 줄어들기 때문이다.

능력, 예측가능성, 친밀도가 신뢰에 긍정적인 영향을 미친다면, 이와 반대로 신뢰도를 끌어내리는 요인은 '자기중심성'이다. 함께 일을 할 때 서로를 배려하지 않고 자기 자신만 챙긴다면, 주변 사람들은 그것을 반드시 기억한다. 아무리 능력이 좋고, 성실하고, 친하더라도 자기중심적인 사람은 신뢰도가 높을 수 없다. 사람들은 그의 행동을 이기적인 행동으로 보기 때문이다.

일반 기업의 상황에서 보면 능력, 예측가능성, 친밀도는 거의 대부분 평균이상이다. 각자 자신의 자리에서 최선을 다하고, 약속을 지키기 위해 애쓰고, 좋은 관계를 유지하기 위해서 노력한다. 그래서 이 부분을 특출하게 높이기는 쉽지 않다. 오히려 자기중심적인 행동을 조금 자제하고, 함께 일하는 상대방을 위해 배려하고, 자신만의 이익이 아닌 서로의 이익을 생각할 때 신뢰도는 훨씬 쉽게 올릴 수 있다.

□ 어떤 행동이 신뢰도를 높일까?

그렇다면 상대방에 대한 신뢰감은 언제 올라가고, 언제 내려갈까? 이 판단의 기준은 '행동'이다. 어떤 행동을 하느냐에 따라 신뢰도가 올라가기도 하고 내려가기도 한다. 신뢰도를 높이는 대표적인 행동을 알아보자.

- 경청하라

상대방의 이야기를 잘 들어주는 행동은 상대방을 받아들이는 겸손의 자세로 비친다. 또한 경청을 통해 상대방이 기대하는 이야기에 적절하게 대응하면 우수한 능력을 가진 사람으로 여겨진다.

- 솔직하게 말하라

말과 행동이 일관된 사람은 높은 신뢰도를 받게 된다. 과장된 말을 하거나 거짓말을 하면, 말과 행동이 달라질 수밖에 없다. 이럴 때 중요한 것은 먼저 솔직하게 털어놓는 것이다. 과장되게 말하거나 거짓말을 한 것이 밝혀지는 순간, 신뢰도는 그만큼 추락한다. 경우에 따라서는 그 이상으로 신뢰를 잃을 수도 있다.

- 상대방을 배려하라

경솔한 사람, 남에게 무례하게 행동하는 사람에게 신뢰를 느낄 수 있을까? 신뢰에는 사람에 대한 태도가 포함되어 있다. 신뢰는 상대방과의 관계에서 만들어지기 때문이다. 때문에 상대방에 대한 배려는 신뢰도에 영향을 미친다. 작은 행동, 말 한 마디에도 신뢰도는 영향을 받는다.

- 약속을 지키자

예측가능성에 해당하는 부분이다. 믿음이 깨지는 가장 결정적 순간은 약속을 지키지 않을 때다. 신뢰라는 것은 눈으로 확인하기 쉽지 않지만, 약속은 그 결과가 가시적으로 드러난다. 아무리 능력이 출중하고 태도가 좋다고 하더라도 약속을 지키지 않으면 신뢰는 깨지고 만다. 약속을 잘 지키기 위해서는 먼저 지킬 수 있는 약속을 하는 것이 중요하다. 그리고 약속을 했다면 어떻게 해서든 지키겠다는 책임감을 가져야 한다.

- 결과를 만들라

결과가 만들어지면 많은 것이 용서가 된다. 또한 신뢰도 높아진다. 올라간 믿음은 더 열심히 행동하게 만들고, 이는 더 나은 결과물을 만들어 낸다. 선순환이 생기는 것이다. 반대로 결과가 안 좋으면 신뢰도는 떨어진다. 이는 행동을 위축시키고 상황을 어렵게 만들어 결과물을 더 안 좋게 만든다. 악순환이 만들어진다. 성품만 가지고 신뢰를 만들 수는 없다. 눈에 보이는 결과를 만드는 것이 신뢰를 쌓는 빠른 길이다.

－잘못은 곧바로 고쳐라

사람은 완벽할 수 없다. 실수를 하게 마련이다. 본의와 상관없이 상황이 생각과 달라질 수 있다. 상대에게 실수를 했다고 생각되거나 잘못했다고 느껴진다면, 곧바로 인정하고 사과하라. 그리고 실수나 잘못을 고치기 위해 노력해야 한다. 무언가 잘못했는데 그것을 그냥 놔둔다면 신뢰도는 마치 뜨거운 여름날 밖에 내놓은 생선처럼 금방 상한다. 시간이 가면 갈수록 상하는 속도에 가속도가 붙는다. 잘못을 느꼈을 때 곧바로 고치려고 노력해야 한다. 그렇지 않다면 회복하는 데는 훨씬 더 많은 시간과 노력이 요구된다. 경우에 따라서는 불가능할 수도 있다.

|나에게 묻기|
1. 나의 신뢰점수는 100점 만점에 몇 점인가?
2. 신뢰도 측면에서 나는 어떤 부분이 부족한가?
3. 어떻게 하면 신뢰점수를 높일 수 있는가?

|함께 읽으면 좋은 책|
《신뢰의 속도》, 스티븐 M. R. 코비(김영사, 2009)
《신뢰의 기술》, 데이비드 마이스터 외(해냄, 2009)

2. 경청과 질문도 스킬이 필요하다

인간관계의 근간은 신뢰이고, 이 신뢰를 확보하기 위해 제일 먼저 해야 하는 행동은 경청이다. 가만히 있어도 들리는 것hearing이 소리이지만, 상대방의 이야기를 지속적으로 집중해서 듣는 것listening은 말처럼 쉽지 않다.

다른 사람의 이야기를 들을 때 이를 방해하는 것은 내 머릿속 생각이다. 상대방의 이야기를 어떻게 받아칠까? 어떤 대답을 내놓을까? 머릿속으로 이런 것을 계산하느라 상대방의 이야기에 집중해서 들을 수가 없다. 그러면 상대방이 주는 많은 정보와 감정을 놓치게 되고, 내가 듣고 싶은 데로 정보를 받아들이게 된다.

잘 듣는 것이란 상대방의 말소리를 듣는 것이 아니다. 그의 의중, 말하고 싶은 뜻을 제대로 간파하는 것이다. 그렇게 하기 위해서는 먼저 상대방의 이야기에 집중해야 한다. 무엇을 말하려고 하는지 집중해서 듣고, 상대가 나에게 보내는 사실과 정보, 감정을 찾아내야 한다. 그의 생각과 관점을 충분히 이해할 때까지는 판단과 결정을 미뤄야 한다. 그래야 상대방의 의견이 충분히 나올 수 있고, 곡해하지 않고 상대의 뜻을 정확히 들을 수 있다.

□ 온몸으로 들어야 하는 이유

최고 수준의 경청은 모든 감각을 동원한 경청이다. 눈으로 듣고, 귀로 듣고, 머리로 듣고, 몸으로 듣고, 마음으로 듣는다. 멜라비언의 법칙에 따르면, 커뮤니케이션에 있어 시각적 정보가 55%, 청각적 정보가 38%,

언어가 7%의 영향을 미친다고 한다. 이를 해석하자면 우리는 언어뿐만 아니라 눈으로도 정보를 받아들이고, 말의 뉘앙스나 감정 상태에서도 정보를 읽어낸다는 뜻이다. 상대가 보내는 신호를 모두 다 받아들이기 위해서는 눈과 귀, 마음의 스위치를 모두 올리고 집중해야 한다. 모든 감각을 열어놓고 경청할 때 상대방이 말하려는 의도와 목적을 들을 수 있고, 상대가 어떤 상태에서 무엇을 말하고 싶은지 빠짐없이 이해하고 받아들일 수 있다.

□ **경청과 질문은 연결되어 있다**

상대방의 이야기를 들을 때 오류를 없애기 위해서는 상대방이 한 이야기 중 핵심 내용을 '요약'해서 말해주면 내가 제대로 이해했는지 확인할 수 있다. 상대방도 자신이 어떤 이야기를 하고 있는지 확인하고, 이야기가 엉뚱한 방향으로 진행되는 것을 막을 수 있다.

대화를 주고받다 보면 마치 캐치볼을 하듯 서로의 생각과 의중을 주고받는다는 느낌을 받을 때가 있다. 상대방의 이야기를 잘 듣고 대화의 핵심을 캐치해서, 거기에 호기심을 품고 가장 적확한 것을 물어보는 것이 가장 잘하는 '질문'이다. 이렇듯 경청과 질문은 서로 연결되어 있다. 공도 잘 받아야 잘 던져줄 수 있듯이, 상대방의 이야기를 잘 들어야 좋은 질문을 할 수 있다.

□ **질문의 이점**

"질문의 이점은 무엇일까요?" 이런 질문을 받으면 사람들은 생각하게 된다. 과연 어떤 이점이 있는지. 그러고 나서는 자신의 생각을 이야기하면서 대화가 시작된다. 이렇듯 질문은 대화를 열어주고, 방향을 만들어준다.

"질문의 이점은 대화를 열어주는 것 한 가지뿐일까요?" 이런 질문을 받으면 어떨까? 좀 더 곰곰이 생각하게 될 것이다. 이를 통해 몰랐던 사실을 발견할 수 있으며, 대화를 그다음 단계로 진전시킬 수도 있다. 또한 질문을 받은 사람은 자신이 먼저 생각하게 되므로 상대방이 비슷한 생각을 이야기했을 때 좀 더 쉽게 받아들인다.

적절한 순간에 제시되는 좋은 질문은 일방적인 정보제공으로는 만들어낼 수 없는 다른 관점과 통찰, 해결방안을 이끌어낼 수 있다. 좋은 질문은 상대방의 마음속에 숨어 있는 정보를 바깥으로 나오게 하고, 자신도 미처 깨닫지 못했던 부분을 발견하게 해준다. 행동의 계기를 만들어줌으로써, 상대방이 앞으로 나아가게 한다.

□ 한정질문과 자유질문

질문에도 종류가 있다. 먼저는 한정질문Closed Question. "예.", "아니오." 등 짧은 대답이 나오는 질문이다. 대답이 쉽게 나오니 사실을 확인하거나 편하게 답변을 이끌어낼 때 유용하다. 하지만 한정질문만으로는 많은 정보를 이끌어내는 데 한계가 있다.

다양한 답이 나올 수 있는 질문을 자유질문Open Question이라고 한다. 말 그대로 질문이 열려 있어서, 다양한 답변이 가능하다. 상대방으로부터 좀 더 많은 정보와 생각을 알아낼 수 있다. 하지만 자유질문을 한다고 해서 무조건 충분한 대답, 의미 있는 대답이 나오는 것은 아니다.

그래서 자유질문 중에서도 특히 많은 정보와 감정을 이끌어낼 수 있는 질문을 하이게인 질문High-gain Question이라 부른다. 상대방으로 하여금 더 많이 생각하게 하고, 비교, 분석, 평가해서 대답하게 만드는 질문이다.

예를 들어, "점심 먹었니?"라는 질문을 받으면 보통은 "예." 또는 "아니오."라는 답변이 나올 것이다. 이런 질문은 한정질문이다. 사실에 대한 확인을 하는 질문이므로 대답이 쉽게 나온다. 반면 "점심으로 어떤 것을 먹었니?"라고 물으면 "김치찌개에 장조림, 멸치볶음하고 밥 먹었어."라고 나올 수도 있다. 이렇게 자유롭게 대답이 나올 수 있는 질문이 자유질문이다. 물론, "김치찌개." 같은 단답형 대답이 나올 수도 있다.

□ 하이게인 질문은 실행 가능성을 높인다

자유질문이라고 해서 무조건 많은 정보를 알려주는 것은 아니다. 이럴 때는 하이게인 질문을 해야 한다. 예를 들어 "사랑하는 사람과 오늘 저녁에 함께 식사를 한다면 무엇을 먹을래?"라고 물을 수 있다. 이때는 대답이 조금 복잡해진다. 사랑하는 사람과의 저녁식사라면 선택이 쉽지 않을 것이다. 머릿속으로 어떤 음식이 가장 좋을까, 자신이 아는 음식의 종류를 쭉 떠올릴 것이고, 그중에서 상대방이 좋아하고, 오늘 분위기에 가장 어울릴 만한 것을 비교, 분석, 평가해서 결정을 내리기 때문이다.

하이게인 질문은 답이 나올 때까지 여러 사고과정을 거친다. 그래서 상대방이 중간에 모른다고 포기하기도 쉽다. 하이게인 질문을 통해 답변을 이끌어낼 때는 미리 "좀 어려운 질문을 드려도 될까요?"라고 양해를 구하거나, 상대방이 답변을 주저할 때 "괜찮아, 천천히 생각해봐." 하며 지지해주어야 한다. 또는 눈빛이나 표정으로 기다릴 수 있다는 사인을 보내주면 상대방은 좀 더 여유 있게 고민해서 정확한 답을 내놓을 수 있다.

이런 고민 끝에 "오랜만에 좋은 레스토랑에 가서 스테이크를 먹어야겠어."라고 대답했다면 이는 실천으로 옮겨질 가능성이 높다. 이렇듯 하이게인 질문은 대답을 이끌어내기는 어렵지만, 답이 나온 후에는 행동으로 옮길 가능성이 높으므로 무언가 중요한 결정을 하거나 행동을 유발시킬 때 효과적인 질문이다.

이러한 하이게인 질문은 대화중에 즉흥적으로 만들어내기 어려운 질문이다. 그래서 상대방과 대화를 하기 전에 대화의 목적은 무엇인지, 어떤 것을 알고 싶은지 미리 생각해 놓아야 적절한 순간에 딱 맞는 질문을 던질 수 있다. 그렇지 않고 대화하는 도중에 질문을 만들어내려고 생각하면, 상대방의 이야기를 듣는 데 방해가 되고 만다.

□ 질문하는 사람의 자세가 중요하다

질문은 대화의 흐름을 만들기도 하고, 닫아버리기도 한다. 어떤 질문이냐에 따라 대화의 방향과 결과, 결론까지 만들어진다. 그렇기에 어떤 자세로 질문을 하느냐가 무척 중요하다. 내가 모든 것을 다 알고 있으니 필요한 것만 취하겠다는 자세는 내가 가지고 있는 생각의 틀에 관련된 정보만 선택해서 듣게 만든다.

반대로 "내가 모를 수도 있다. 내가 못 보고 있는 것은 무엇인지, 상대방은 어떤 생각을 가지고 있는지 궁금하다."고 생각하는 사람은 호기심을 가지고 알아가려는 자세로 묻게 된다. 그러면 자신이 생각지 못한 것을 듣게 되고, 자신이 가지고 있는 틀에서 벗어나는 정보와 감정까지도 알 수 있게 된다.

옳은 판단과 결정, 상대방의 대한 이해는 아무래도 더 많은 정보와 감정을 알고자 노력할 때 가능하다. 그래서 질문을 할 때는 어떤 질문을 하느냐도 중요하지만, 그에 못지않게 어떤 마음으로 질문하느냐도 큰 의미를 갖는다. 좋은 질문의 특징은 다음과 같다.

- 간결하다 : 분명하고, 길지 않다.
- 투명하다 : 숨겨진 의도가 없다. 질문의 내용을 정확하게 이해할 수 있다.
- 비판적이지 않다 : 질문하는 사람의 감정을 담지 않는다.
- 초점이 있다 : 무엇을 물어보는지 명확하다.
- 직접적이다 : 정확히 필요한 부분에 대해 묻는다.
- 현실적이다 : 허황된 질문을 하지 않는다.

|나에게 묻기|
1. 나는 경청을 잘하는가?
2. 어떻게 하면 더 나은 경청을 할 수 있겠는가?
3. 나는 질문을 잘하는가?
4. 질문을 더 잘하기 위해서 어떻게 해야 하는가?

|함께 읽으면 좋은 책|
《마음을 사로잡는 경청의 힘》, 래리 바커 외(이아소, 2013)
《질문이 답을 바꾼다》, 앤드류 소벨 외(어크로스, 2012)

3. 구성원을 어떻게 이해할 것인가?

리더십이란 목표달성을 위해 집단에 영향을 줄 수 있는 능력을 말한다. 사람마다 선호하는 리더십 유형이 다르다. 자신의 스타일에 따라 한두 가지 형태의 리더십 유형을 활용한다. 하지만 좋은 성과를 내는 고성과자들은 상황에 맞춰 적절한 리더십 행동을 한다.

다니엘 골먼Daniel Goleman은 골프에서 좋은 점수를 내기 위해 상황에 따라 적절한 골프채를 꺼내 쓰는 것처럼, 리더십도 자신의 상황에 맞게 적절한 리더십 유형을 활용해야 한다고 말한다. 아래는 다니엘 골먼이 분류한 리더십 유형과 각 유형의 장단점이다.

- 지시형 : 팀원들을 명령과 지시로 이끄는 유형
- 관계중시형 : 구성원들과 인간적 관계를 통해 조화, 일체감을 유도하는 유형
- 민주형 : 구성원들의 자발적 행동을 존중하고 참여를 통한 소속감 유도
- 비전제시형 : 미래에 대한 비전을 통해 동기유발하여 이끄는 유형
- 선도형 : 자신이 시범을 보여주며, 실제적으로 업무를 챙기는 유형
- 코치형 : 팀원의 능력과 역량을 개발하며 이끄는 유형

각 유형을 잘 알고 상황에 맞게 활용하면 뛰어난 성과를 낼 수 있지만, 실제로 그렇게 하는 사람은 25% 미만이다. 그렇다면 리더십을 극대화시키기 위해서는 무엇이 필요할까? 많은 사람들은 직위가 올라가면 리더십도 생긴다고 착각한다. 자리가 높아지면 힘이 생기므로 많은 사람들이

유형	장점	단점
지시형	급한 상황에서 유리하다. 빠른 결정을 내릴 수 있다. 강력한 추진력이 있다.	장기간 사용하면 분위기가 안 좋아진다. 팀원들이 창의력을 잃는다. 팀원들이 리더의 눈치를 본다.
관계중시형	팀의 불화를 해결할 수 있다. 분위기가 좋아진다. 관계가 끈끈해진다.	업무목표를 잃어버릴 수 있다. 구성원의 성장에 필요한 피드백을 못할 수 있다. 성과를 내는 데까지 시간이 필요하다.
민주형	구성원들의 의견을 수렴할 수 있다. 자발적인 참여를 유도할 수 있다. 구성원들이 존중받는다는 느낌을 갖는다.	결과까지 오랜 시간이 걸릴 수 있다. 책임지는 사람이 모호해질 수 있다. 신속한 대응이 어렵다.
비전제시형	구성원에게 같은 지향점을 갖게 할 수 있다. 동기유발할 수 있다. 구성원들을 하나로 만든다.	실무를 잘 챙기지 못한다. 현실과 괴리가 있다. 소소한 업무를 놓친다.
선도형	현업에 도움이 된다. 높은 수준의 결과물을 만든다. 꼼꼼하게 일을 챙긴다.	장기적인 전략을 갖지 못한다. 구성원들이 지친다. 리더를 따라가지 못한다.
코칭형	개인의 능력을 향상시킨다. 자발적인 행동을 이끈다. 구성원을 성장시킨다.	시간이 오래 걸린다. 코치로서의 능력이 필요하다. 의도적인 훈련과 노력이 필요하다.

그로부터 영향을 받게 되지만, 모두가 자발적으로 리더를 따르지는 않는다. 앞에서는 따르는 척하지만, 뒤에서는 딴 소리를 하거나 실천하지 않는 구성원들을 우리는 쉽게 발견할 수 있다.

상대가 나를 진심으로 따르게 하려면 먼저 배려해야 한다. 상대방을 아끼는 마음과 행동, 구성원의 성장을 바라는 마음과 이를 위한 실천 등, 이러한 것들이 상대방에게 전달되었을 때 구성원들은 진정으로 리더를 따른다. 구성원들이 마음을 열 때 그들은 온 힘을 다해 조직을 위해, 팀을 위해, 자신을 위해 헌신한다.

□ 상대방에 대한 이해

개인은 모두 다르다. 하지만 이 점을 이해하지 못하면 상대방이 틀렸다고 생각하기 쉽다. 모든 사람의 차이점을 다 인식하기는 어렵지만 몇몇 기준을 가지고 사람들을 바라보면 그들을 이해하는 데 도움이 된다. 여기에서는 비즈니스 상황에서 쉽게 사용할 수 있고, 현장에서 많이 활용되는 두 가지 진단도구를 소개한다.

- DISC

개인의 강점, 조직에 부여하는 가치, 그들이 어떻게 행동하는지를 명확하게 파악하도록 돕는다. 인간의 행동을 각각 주도형Dominance, 사교형Influence, 안정형Steadiness, 신중형Conscientiousness, 즉 DISC 행동유형으로 규정하였다.

- MBTI

주도형 D	사교형 I	안정형 S	신중형 C
강한 의지	활동적	내성적	업무 지향적
단호하고 독립적	말을 잘함	갈등을 싫어함	조심성
낙천적	설득력이 높음	남을 돕고 싶어 함	주도면밀
지시받는 것을 싫어함	분위기 메이커	현상유지 선호	계산적
실용적인 것 추구	감수성이 높음	호기심이 많음	인내심이 강함
말보다 행동	사랑받고 싶어 함	감상적	세심함
자신감	인정이 많음	침착함	정확함
쉽게 화를 내고 풀음	생각보다 행동이 앞섬	부드러움	자기 확신

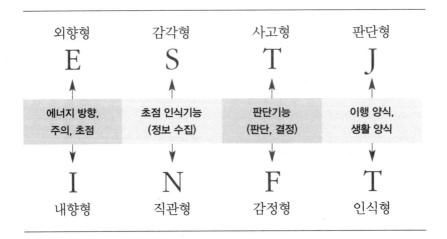

성격유형을 확인함으로써, 어떻게 정보를 판단하고 어떻게 행동하는지 이해할 수 있다. MBTI는 융의 심리유형론을 근거로 하여 일상생활에 유용하게 활용할 수 있도록 고안한 자기보고식 성격유형지표다. 개인이 쉽게 응답할 수 있는 자기보고 문항을 통해 인식, 판단에 대한 각자가 선호하는 경향을 찾고, 이러한 선호 경향들이 합쳐져서 인간의 행동에 어떠한 영향을 미치는가를 파악하여 실생활에 응용할 수 있도록 제작된 심리검사다.

이외에도 활용할 수 있는 다양한 검사방법이 있다. 중요한 것은 이러한 도구를 활용하여 상대방을 이해하는 노력을 하는 것이다. 이러한 검사를 활용할 수 없는 상황이라면, 나와 상대는 다를 수 있으니 어떤 점이 다른지 관찰하고, 그것을 이해해서 판단과 행동에 적용하면 된다.

□ 점화 준비시트

나	
목표 Objective	내가 이루고자 하는 것
자원 Resources	활용 가능한 자원
상대방	
니즈 Needs	상대방이 필요로 하는 것
동기 Motivation	상대방을 움직이게 하는 것
관심사 Interests	평소에 관심이 많고 흥미를 보이는 것
방법	
준비 Preparation	나와 상대방에 대한 내용을 바탕으로 신뢰확보를 위해 실천해야 할 내용

준비단계는 장작을 구해오고 구해온 자원을 잘 배치하는 단계다. 나와 상대방에 대해서 정확히 이해하고, 어떤 행동이 도움이 될지 고민하고 계획해야 한다.

|나에게 묻기|

1. 나는 다니엘 골먼의 리더십 유형 중 어떤 유형을 주로 사용하는가?

2. 내가 보완해야 하는 유형은 어떤 유형인가?

3. 성격유형검사를 해보면 나와 팀원은 어떤 유형을 가지고 있는가? 테스트를 할 수 없다면 팀원과 나 자신 사이에는 어떤 차이점이 있는가?

4. 서로의 차이점을 알게 되었다면, 긍정적인 성과를 내기 위해 그것을 어떻게 활용할 것인가?

|함께 읽으면 좋은 책|

《감성의 리더십》, 다니엘 골먼 외(청림출판, 2003)

《사람을 읽는 힘 DISC》, 메릭 로젠버그 외(베가북스, 2013)

2단계

점화 Ignite

한 명에 집중한다. 본인이 불씨가 되어 불을 붙인다.

어렸을 적 신문지나 검은 종이에 돋보기로 불을 붙여본 경험이 있을 것이다. 그때 불을 붙이기 위해서 어떻게 했는가? 방법은 초점을 한군데로 모으는 것이다. 그래야 불이 붙는다. 돋보기를 통과하는 에너지의 양이 똑같더라도 초점이 한군데로 모아져 에너지가 집중되고, 불이 붙을 수 있는 기준을 넘어서야 발화가 되는 것이다.

함께 일하는 팀원들의 마음을 한군데로 모으기 위해 하는 작업이 비전공유다. 정말로 이루고 싶은 꿈을 비전으로 만드는 것이 필요하다. 학교나 회사에 걸려 있지만 아무도 쳐다보지 않는 교훈이나 사훈이 아니라, 저렇게 되면 정말 좋겠다는 열망의 비전을 만들어야 한다. 그것이 달성되면 정말 좋겠다는, 구성원 모두의 가슴을 벌렁벌렁하게 만드는 그런 비전이 필요하다.

이러한 목표를 이야기할 때 구성원들을 움직이게 하는 방법 중 하나가 보상이다. 이러한 보상에는 외적 보상과 내적 보상이 있다. 외적 보상으로는 연봉 인상, 보너스, 여행 등을 예로 들 수 있으며, 이들의 특징은 가시적이고 즉각적인 반응을 이끌어내는 데 있다. 그런데 문제는 현실에서 이런 자원이 넉넉하지 못하다는 것이다.

이럴 때 중요한 것이 내적 보상이다. 사람은 돈으로만 움직이지 않는다. 중요한 것은 그 사람의 가치를 알아주는 것이다. 이러한 욕구를 채워주는 데 가장 중요한 것이 인정과 칭찬이다. 인정은 비용이 들어가지 않지만 진심을 담아 활용하면 그 효과는 금전적인 보상보다 훨씬 크다.

숯이나 나무에 불을 붙여본 적이 있는가? 요즘 캠핑이 유행이니 한번쯤은 바비큐를 하기 위해 나무 장작이나 숯에 불을 붙여본 적이 있을 것이다. 해본 사람은 안다. 얼마나 오랜 시간이 걸리는지. 불을 붙이기 위해서는 하나의 숯에 지속적으로 불을 가해줘야 한다. 생각보다 훨씬 더 오랜 시간이 걸린다.

사람의 마음에 불을 붙이는 것도 똑같다. 예상보다 오래 걸린다. 중요한 것은 오랜 시간 동안 에너지인 정성을 투여해야 하는데, 이는 지속적인 대화를 의미한다. 앞으로 나아가야 하는 비전과 방법, 가치에 대해서 꾸준히 대화를 하다 보면 결국 불은 붙는다.

이때 불씨 역할을 하는 것은 나 자신이다. 내가 뜨겁게 달궈져 있지 않으면, 즉 불이 붙어 있지 않으면 상대방에게도 에너지가 전달되지 않는다. 나 자신이 먼저 팀의 비전과 방법에 대한 열망과 계획을 가지고 있어야 열정적으로 에너지를 전파하고, 팀에 불을 붙일 수 있다. 나 자신이 불씨가 되어, 한 사람에게만 불을 붙일 수 있다면 그다음은 어렵지 않다.

1. 비전 공유로 시동을 걸어라

비전이란 내다보이는 장래의 상황, 이상, 전망 등을 말한다. 기업환경에서 비전이 중요한 이유는 끊임없이 몰려오는 위기와 어려움을 이겨내는 데 도움이 되기 때문이다. 폭풍우와 파도가 밀려오는 겨울바다 같은 현장에서 비전은 마치 북극성처럼 어디로 나아갈지 방향을 알려주고, 도착할 곳에 대한 기대와 열망, 희망을 갖게 해준다. 어려움을 넘어서게 만드는 힘을 주는 것이다.

비전의 대표적인 예로는 NASA의 '인간의 달 착륙과 성공적인 귀환'을 들 수 있다. 아마도 NASA에서 일하는 직원들은 이 비전을 듣고 '내가 인류를 위해 일하는구나' 혹은 역사적인 발전에 나도 동참한다는 사명감을 느꼈을 것이다. 실제로 인간이 달에 착륙하고 무사 귀환하는 모습을 상상하면서 어려운 근무환경 속에서도 자신의 몫을 다하기 위해 노력했을 것이다. 이렇듯 좋은 비전은 몇 가지 특징을 가지고 있다.

- 보여야 한다visible

비전Vision은 말 그대로 시각적인 것이다. 그 비전을 들으면 인간이 달 착륙하는 모습이 이미지로 그려져야 한다. 그래야 상상이 되고, 점점 더 구체적으로 변한다.

- 설레야 한다resonant

본인의 가슴만 설레게 하는 비전은 구성원들에게 힘이 되지 못한다. 구성원도 그 비전을 들었을 때는 '나도 같이하고 싶다', '함께 그 일을 이루고 싶다' 하는 마음이 들어야 한다. 소풍 전날 꼭 가고 싶은 마음처럼 가슴에 설렘을 만들어야 한다.

– 가능해야 한다possible

어렵겠지만 열심히 하면 가능해야 한다. 최선의 노력을 다한다면 올해 혹은 가까운 시간이 아니더라도 결국은 가능해야 한다. 현재는 가능하지 않더라도 가능하게 만들고 싶은 것이어야 한다. 누가 들어도 말이 안 되는 비전, 실현 가능성이 전혀 없는 비전에 구성원들은 자신의 시간과 노력을 들이지 않는다.

□ 비전 만들기

아래의 질문에 답을 하면서 자신만의 비전을 만들어보자.

– 지금 회사에서 가장 성공한 모습은 어떤 모습인가?

– 내 주변 사람의 어떤 모습이 가장 부러운가?

– 닮고 싶은 사람은 누구이며, 어떤 모습이 부러운가?

– 나는 어릴 때 어떤 사람이 되고 싶었는가?

- 내가 가장 잘할 수 있는 것은 무엇인가?

- 구성원들이 원하는 것은 무엇인가?

- 나는 어떤 이야기를 할 때 가장 설레는가?

- 내가 구성원들에게 어떤 이야기를 하는 것이 그들의 마음을 설레게
  하겠는가?

- 힘들지만 꼭 해보고 싶은 일이 있다면 그것은 무엇인가?

이제 조용히 눈을 감고 상상해보자. 나의 가장 꿈꾸는 모습은 무엇일
지. 원하는 모습은 무엇인지. 머릿속에 떠올렸던 이미지를 다음 페이지
의 네모 안에 그려보자.

위의 그림에 헤드라인을 달아보자. 이것이 당신의 비전이다.

□ 비전의 현실화

비전이 그려졌으면, 이제 그것을 현실화하는 작업이 필요하다. 비전은 단순히 비전으로 존재하고 끝나는 것이 아니다. 비전을 이루기 위해서는 자신에게 주어진 임무를 알아야 하는데 이것이 미션mission, 사명이다. 비전과 미션을 결정하면, '미래에 도달하고 싶은 모습'과 '현재의 나'라는 두 개의 좌표가 생기게 된다. 이렇게 미래와 현재의 기준이 생기면 이제 남은 것은 이 비전을 향해 최단거리로 달려가는 것이다.

그런데 비전은 한 번에 이루기에는 너무나 크고 멀기에, 현실적으로 도달 가능 지점을 잡아야 한다. 이것이 목표goal다. 이 목표가 정해지면 그다음에는 그것을 어떻게 달성할 것인가라는 방법이 필요해진다. 이게 전략strategy이다. 전략이 전체적인 방법, 즉 큰 그림이라면 이것을 수행하는 데 있어 필요한 부분적인 계획을 전술tactic이라고 하고, 이 전술을 이루기 위해 행동해야 하는 모든 것을 정리해놓은 것이 실행계획action plan이다.

회사의 비전이 앞서 제시한 요건에 맞지 않거나, 자신이 회사의 비전을 만들 입장이 아니라면 스스로 팀의 비전을 만들어야 한다. 팀원 모두의 마음을 모을 수 있는 비전. 그 비전은 엉뚱한 것이 아니라 회사의 비전, 전략, 목표와 연결되어야 한다. 회사는 어떤 방향으로 가려고 하는지, 그 방향으로 갈 때 우리 팀은 어떤 역할을 담당해야 하는지, 그중 팀원 개개인은 어떤 일을 해야 하는지 명확하게 초점을 모으고 정렬하는 작업을 해야 한다. 그래야 내가 하는 일이 팀에 어떤 도움이 되고, 회사

□ 비전-전략-계획 정렬 시트

구분	내용
비전 Vision	정말로 이루어지기를 바라는 모습
미션 Mission	내가 해야 하는 사명
목표 Goal	이루어 내야 하는 목표
전략(전술) Strategy(Tactic)	목표를 이루게 하는 큰 방법
실행계획 Action Plan	구체적인 행동 계획

에는 어떤 의미가 있는지, 자신의 가치를 깨달을 수 있다. 또한 이렇게 정렬되어 있어야 개인의 노력이 팀에 도움이 되고, 팀이 하는 일들이 결국 회사에 도움이 된다.

|나에게 묻기|
1. 당신의 비전은 무엇인가?
2. 비전을 달성하는 데 걸림돌은 무엇인가?
3. 어떻게 그 걸림돌을 제거할 것인가?

|함께 읽으면 좋은 책|
《기적의 비전워크숍》, 자크 호로비츠 외(쌤앤파커스, 2008)
《스몰 자이언츠》, 보 벌링엄(팩컴북스, 2008)

2. 인정과 칭찬의 놀라운 힘

□ 외적 보상과 내적 보상

어떻게 해서 사람을 움직이게 하고 나를 위해 일하게 할 것인가? 이 문제는 고대 노예 시대부터 시작된 사람들의 오랜 관심사였다. 사람들을 움직이게 하는 대표적인 방법 중 하나가 보상이다. 보상은 크게 외적 보상과 내적 보상으로 나뉜다.

회사에서 제공하는 외적 보상은 보통 연봉, 보너스, 인센티브, 진급, 여행, 상품 등 물질적이고 가시적인 형태로 나타난다. 외적 보상은 굉장히 자극적이고 곧바로 행동을 이끌어낸다. 단 이 자극들의 효과가 단기적이어서 받을 때는 좋지만 시간이 조금만 지나도 그 효과가 사라지고, 다음번에 다른 행동을 이끌어낼 때는 기존에 주었던 자극보다 더 큰 것을 제시해야 사람들이 움직인다는 한계가 있다.

가령, 이번에 상금을 100만 원을 주었다면 다음에는 120만 원, 150만 원으로 올려주어야 하고, 이번에 포상여행을 일본으로 보내주었다면 다음에는 동남아, 유럽, 미국 등 더 멀리 보내주어야 한다. 이처럼 사람들은 더 큰 자극을 주어야 움직인다. 기존의 자극에 쉽게 무뎌지기 때문이다. 그런데 조직은 자원의 한계가 있으므로 이렇게 무한대로 보상을 올려줄 수는 없다.

다른 보상의 형태로는 내적 보상이 있다. 인정, 칭찬 등을 통해 상대방으로 하여금 보람, 자긍심, 성취감 등을 느끼게 해주는 것이다.

팀원이 동기유발이 되고 좀 더 적극적으로 일하기 위해서는 몇 가지 요소가 갖추어져야 한다.

– 의미meaningfulness

이 일이 나에게 어떤 의미가 있는지, 함께 꿈꾸고 있는 비전과 어떤 관계가 있는지, 이를 통해서 나에게는 어떤 영향이 있을지 알고 느껴야 사람은 움직인다. 생각해보라. "이걸 왜 해야 하죠?"라는 질문에 "몰라도 돼, 그냥 시키는 일이나 열심히 해."라는 말에 동기유발이 될 수 있을까? 절대 아니다. 왜 해야 하는지 그 이유를 알아야 더 열심히 하고, 더 잘할 수 있다.

– 선택choice

보통 사람은 약속을 지키려고 애쓴다. 자신이 내뱉은 말이기에 거짓말이 되지 않도록 노력한다. 일도 그렇다. 그냥 주어진 일은 내 일이 아니다. 그것은 그 일을 던져준 사람의 일이다. 하지만 내가 선택한 일은 다르다. 내가 하겠다고 말하는 순간, 그때부터는 나의 일이 된다. 상대방의 자발성을 원한다면 상대방에게 선택권을 넘기는 게 유리하다.

– 능력competence

아무리 의미가 좋고, 자신이 선택한 일이라도 능력이 부족하면 해낼 수가 없다. 의욕만 가지고는 이룰 수 없다는 말이다. 그래서 능력의 범위 내의 일을 해야 동기가 유발된다. 물론 현장에서는 그렇지 못한 경우도 많다. 이때 리더는 일을 잘 주어야 한다. 그냥 모든 일을 한꺼번에 넘기는 것이 아니라, 최선의 노력을 다했을 때 겨우 달성할 수 있을 정도 **228 · 229**

로 목표를 잘라서 제시해주어야 한다. '아무리 노력해도 할 수 없다.'는 생각이 드는 순간 사람들은 그 일을 포기해버린다.

　－발전progress

언제나 목표는 쉽지 않은 정도, 아니 과하게 주어진다. 처음에는 마음을 다잡고 열심히 시작하더라도, 하다 보면 한계상황에 맞닥뜨린다. 이런 경우 아무리 해도 그대로라는 생각이 들면 누구나 쉽게 포기한다. 지금은 힘들지만 처음 시작했을 때보다 많이 나아졌음을 느끼고, 앞으로 조금만 더하면 점점 더 나아지리는 것을 알아야 힘들더라도 견디고 노력하게 된다.

이렇게 발전을 느끼게 하려면 기준점을 잘 잡아야 한다. 영업을 할 때는 회사의 매출액뿐만 아니라 필요에 따라 상대방이 발전하고 있음을 판단할 수 있는 기준(예를 들어 고객방문율, 비딩bidding 성공률 등)들을 잡아서 원하는 결과가 나오지 않더라도 자신의 발전을 느낄 수 있도록 해주어야 포기하지 않고 도전할 수 있다.

내적 보상의 장점은 절대 질리거나 효과가 줄어들지 않는다는 점이다. 받으면 받을수록 좋은 것이기 때문이다. 또한 진심만 있다면 이 보상을 하는 데는 물질적 보상처럼 많은 자원이 필요한 것도 아니다. 물론 현실에서는 외적 보상과 내적 보상을 적절히 혼합해서 쓰는 것이 가장 효과적이다.

□ 인정하고 칭찬하는 데도 방법이 있다

– 없어도 찾아내서

어제까지 혼내고, 타박했던 직원에게 오늘부터 갑자기 인정해주고 칭찬해주라고 하면 보통 하는 말이 '인정할 게 없다.', '칭찬할 게 없다.'는 것이다. 중요한 것은 사람의 뇌는 많이 듣는 이야기에 활성화되고, 그 부분에 대한 행동을 더 많이 하게 된다는 점이다. 예를 들어, 우리가 발표 준비를 할 때 '이 부분은 실수하지 말아야지, 실수하지 말아야지.' 하고 마음속에 여러 번 되새기면 꼭 그 부분에 가서 실수를 한다. 이처럼 여러 번 듣는 내용이 뇌에 더 잘 기억되고, 그 행동을 자주 하게 된다. 결국 작은 부분이라도 잘하는 부분을 찾아서 그 점을 지속적으로 인정하고 칭찬해야 그 행동을 더 많이 한다. 사람과 나무의 공통점이 있다. 나무는 햇볕을 받은 부분이 더 잘 자라고 사람은 관심을 받은 부분이 더 자란다.

– 사실을 가지고

세상에 가장 힘 센 이야기는 사실fact이다. 일어난 일이기 때문에 부정할 수 없기 때문이다. 인정과 칭찬을 할 때도 그냥 좋다는 것이 아니라 상대방이 행동한 실제 사실을 가지고 해야 한다. 그래야 상대방은 무엇 때문에 인정과 칭찬을 받는지 알게 되고, 그 이후로 긍정적인 피드백을 받은 그 행동을 반복한다. 또한 사실을 가지고 인정, 칭찬을 하려면 리더에게도 많은 노력이 요구된다. 왜냐하면 인정하고 칭찬할 만한 사실을 찾으려면 팀원에 대해서 지속적으로 관심을 가지고 관찰해야 하기 때문이다. 이러한 노력은 상대방을 이해하는 데 도움을 준다.

- 진심으로

사람들은 예민하다. 민감하다. 섬세하다. 상대방이 나를 인정하고 칭찬하는 이유가 진정으로 나를 위한 것인지, 아니면 나의 환심을 사서 무언가 다른 것을 시키기 위한 것인지 금방 알아챈다. 당신은 어떤가? 주변 사람들이 당신에게 하는 이야기가 아부인지, 진심인지 금방 알아채지 않는가? 아무리 연기를 잘한다 해도 진심은 드러나게 되어 있다. 기왕 상대방을 위해 인정하고 칭찬하는 것이라면 진심으로 하자. 정말로 좋은 점을 기쁜 마음으로 이야기해주자. 그리고 느껴보자. 진심으로 인정하고 칭찬하면 받은 사람뿐만 아니라 그 이야기를 해준 사람도 행복해진다.

- 칭찬할 때는 칭찬만

우리는 그렇다. 칭찬을 받는 사람은 민망해하고, 칭찬을 하는 사람은 쑥스러워한다. 그러다 보면, 속내는 좋은 마음으로 칭찬하고 싶어서 이야기를 꺼냈다가도, 쑥스러운 마음에 안 좋은 이야기를 덧붙이곤 한다. "김대리는 열심히 하는 것은 좋은데, 결과가 안 나와." 이런 식이다. 이것은 칭찬인가, 농담인가, 힐난인가? 아마도 상대방의 머릿속에 열심히 했다는 이야기는 남지 않을 것이다. 그냥 '결과를 추궁하기 위해 하는 소리구나.' 정도로 느껴질 것이다. 칭찬을 할 때는 칭찬만 해야 효과적이다.

- 결과보다는 과정을

인정하고 칭찬하는 목적은 그 행동을 더 잘하게 하기 위한 것이다. 그런데 결과를 가지고 인정하게 되면 결과를 잘 내는 구성원에게는 할 이야기가 있지만 그렇지 않은 팀원에게는 할 말이 없어진다. 그런데 현장에서 칭찬과 격려의 힘이 필요한 팀원은 잘하는 팀원보다 못하는 직원이다. 이때 그들이 노력하는 과정에 대해서 인정해주자. 결국 결과는 그 과정을 열심히 했을 때 나오는 결과물일 뿐이다. 과정을 인정해야 일하는 내내 할 말이 있다. 팀원에게 힘을 불어넣어줄 기회가 생기는 것이다.

|나에게 묻기|
1. 지금 내 주변에 인정, 칭찬이 필요한 사람은 누구인가?
2. 그에게 어떤 사실을 가지고 인정, 칭찬하겠는가?
3. 어떻게 말하면 좋을지 상상해서 적어보자.

|함께 읽으면 좋은 책|
《사람의 마음을 바꾸는 칭찬의 기술》, 데일 카네기(해피앤북스, 2012)
《칭찬》, 에이드리언 고스틱 외(북플레너, 2007)

3. 어떻게 해야 지속적인 헌신이 가능할까?

□ 한 명에게 집중한다

초에 불을 붙이려면 성냥이나 라이터 정도면 된다. 하지만 장작이나 숯에 불을 붙이려면 그 정도로는 안 된다. 가스토치나 스타터가 필요하다. 팀원의 가슴에 불을 붙이려면 무엇이 필요할까? '불이 붙은 당신'이 필요하다. 불쏘시개 역할을 할 사람이 필요한 것이다.

먼저 나 자신이 비전에 흠뻑 빠져 있어야 한다. 진정으로 만들고픈 모습에 대해서 확신이 있어야 한다. 그래야 주변 사람에게 전파할 수 있다. 이때 느껴지는 것이 열정이다. 내가 가진 비전에 대한 확고함과 열정을 주변 사람들도 느낄 수 있어야 한다. 그래야 나의 에너지와 생각이 상대방에게 옮겨간다.

이때 나의 에너지를 여러 사람에게 나누어 전달하는 것은 좋지 않다. 나의 에너지가 다 없어질 때까지 상대방에게 불이 안 붙을 수 있다. 그러므로 나에게 비전에 대한 확신이 있고, 이것을 조직에 옮겨 붙이려고 할 때는 처음으로 불붙일 사람, 즉 퍼스트 팔로워first follower가 굉장히 중요하다. 나와 함께 그 일을 하는 데 헌신할 사람, 가장 가능성이 높고 영향력이 큰 사람을 잘 택해야 한다.

가장 확률이 높은 사람을 선택했다면 내가 생각하는 비전과 전략, 그것의 중요성과 그것이 이루어졌을 때 우리에게 주어지는 것, 그리고 상대가 원하는 미래와 생각, 퍼스트 팔로워가 원하고 이루고 싶은 것(앞서 1단계를 제대로 밟았다면 이 부분에 대해서 알고 있을 것이다)에서 교차점을 찾아야 한다. 이 교차점에 심지가 되는 시작점, 즉 점화 포인트가 숨어 있다.

이 포인트에서 집중적으로 이야기를 풀어나가야 한다.

조직에 불을 붙일 때 가장 어려운 순간이 바로 이 순간이다. 퍼스트 팔로워에게 불을 옮겨 붙일 수 있다면 그다음은 어렵지 않다. 그다음은 두 사람이 한 사람에게 붙을 옮겨 붙이면 되니까 필요한 에너지는 1/2로 줄어들고, 그다음은 세 사람이 불을 옮겨 붙이게 되니까 시간이나 어려움은 1/3로 줄어든다.

처음 불을 옮겨 붙이려고 할 때는 잘 생각해봐야 한다. 내가 퍼스트 팔로워에게 붙을 붙일 수 있을 만큼 열정과 에너지가 충분한지 말이다. 아직 모자라다는 판단이 들면 조금 더 준비를 하고 에너지를 비축할 시간이 필요하다. 그리고 마음속으로 결심이 서면 그때부터는 자신의 에너지를 한 번에 쏟아 부어야 한다.

□ 양질전환의 법칙

물이 끓으려면 온도가 100도까지 올라가야 한다. 그전까지의 물은 똑같은 물이지만 계속 온도가 올라 100도가 되었을 때 수증기로 질적변화가 생기는 것이다. 종이에 불을 붙일 때도 그렇다. 집중하는 열의 에너지가 발화점까지 지속적으로 올라가야 불이 붙는다. 사람도 마찬가지다. 불을 붙이려면 상대방의 마음에 불이 붙을 때까지 지속적으로 에너지를 넣어줘야 한다. 상대방이 내가 원하는 대로 불이 붙지 않는다면 아직 발화점까지 필요한 에너지가 투입되지 않았기 때문이다.

에너지를 넣어주는 가장 좋은 방법은 대화다. 앞서 말한 교차점, 즉 점화 포인트에 관련된 이야기를 지속적으로 나눠야 한다. 자신이 생각하고 있는 바를 공식적으로든 비공식적으로든, 무엇보다 불이 붙을 때까지 전달해야 한다.

상대방에게 '한 번만 말해도 알아듣겠지' 하고 생각하겠지만, 사람들은 상대방의 이야기를 100% 캐치하지 못한다. 또한 듣더라도 금방 잊어버린다. 에빙하우스의 망각곡선에 의하면 사람은 방금 들은 이야기도 1시간이 지나면 50%를 까먹고, 하루가 지나면 70%를 잊어버린다고 한다. 나에게 중요한 이야기가 상대방에게는 그렇지 않을 수 있다. 내가 상대방에게 불을 붙이려면 그것의 중요성과 의미를 상대방의 가슴에 새겨질 때까지 반복적으로 이야기해야 한다. 그리고 팀원에게 필요한 것은 무엇인지, 도와줄 방법은 무엇인지 끊임없이 물어보고 찾아야 한다.

또한 말만 한다고 해서 다 되는 것은 아니다. 행동으로 보여주는 것이 중요하다. 행동은 열 마디 말보다 강하다고 하지 않았던가? 비전을 이루기 위해 어떤 행동을 해야 하는지 리더는 끊임없이 자신의 행동으로 보여주어야 한다. 그 행동들을 바라보는 팀원들은 그 모습을 보고, 느끼고, 생각하고, 판단하고, 결국 행동하게 된다. 불이 붙을 때까지, 상대방의 가슴속 온도가 발화점 이상으로 올라갈 때까지 끊임없이 대화하고 행동해야 한다.

□ 어려움은 당연한 것

높은 산을 오를 때 단 한 번도 쉬지 않고 올라가는 것이 가능할까? 바다를 건널 때 큰 파도 한 번 만나지 않고 건너는 게 당연한 일일까? 그렇지 않다. 일도 그렇다. 함께하는 구성원들의 가슴을 설레게 하는 큰일을 하면서 시련이 없기를 기대하는 것은 어불성설이다.

구성원들의 가슴에 불을 붙여 큰일을 이루려면 예상해야 한다. 반드시 어려움이 찾아올 수 있다는 것을. 그리고 지혜롭게 미리 준비하고 대처해야 한다. 예상되는 어려움을 찾아보고 미리 그것에 대해 대비책을 준비해놓는다면, 시련이 닥쳤을 때 당황하지 않고 대응할 수 있다.

리더는 장애물에 대해 비관적으로 언급해서는 안 된다. 상황에 대한 우려는 받아들이는 사람마다 그 충격과 정도가 다르기 때문이다. 어른에게는 견딜 만한 추위가 아이들에게는 아주 큰 고통으로 느껴질 수 있는 것처럼, 아직 경험이나 준비가 덜된 어린 직원에게는 내가 표현하는 두려움과 걱정이 훨씬 더 크게 다가갈 수 있다.

두려움이 퍼지기 시작하면 자신의 능력을 펼치기를 주저하게 되고, 행동은 느려지고, 판단은 흐려진다. 제일 먼저 문제를 발견하는 사람은 그것의 두려움을 전파할 것이 아니라, 그것의 실체가 무엇인지와 어떻게 해결할지에 집중해야 한다.

□ 문제상황 대비 시트

예상되는 문제점	
어떻게 대비할 것인가?	
해결을 위해 필요한 자원은 무엇인가?	

|나에게 묻기|

1. 불을 옮겨 붙일 첫 번째 사람, 퍼스트 팔로워는 누구인가?
2. 불씨를 어떤 방법과 내용으로 전달할 것인가?
3. 나에게 힘과 에너지가 되는 요인은 무엇인가?

|함께 읽으면 좋은 책|

《기업이 원하는 변화의 기술》, 존 코터 외(김영사, 2007)
《무엇이 조직을 움직이는가》, 패트릭 렌치오니(전략시티, 2014)

확산 Run

불길을 확산시키기 위해 달려야 할 때다. 성과가 나와야 퍼져나간다.

불길을 확산시키는 가장 좋은 방법은 성공사례다. 사람들은 평소에 자신의 능력과 에너지 중 일부만 활용하며 살아간다. 언제나 현실에 대한 두려움과 부족한 자신감이 자신의 모든 것을 바치지 못하게 가로막는다. 이때 성공사례는 불붙이는 과정에서 기름 역할을 한다. 다른 팀원의 성공, 그리고 무엇보다 자신이 성공을 경험했을 때 가장 크게 깨닫고 배우게 된다. 이렇게 되면 자신의 모든 능력을 불태울 수 있다.

하지만, 이런 성공이 자칫 잘못하면 팀원들 사이에 질투심을 일으킬 수도 있고, 잘못된 경쟁을 만들 수도 있다. 그래서 이때 팀에 긍정적 분위기를 만드는 것이 중요하다. 성공을 만든 팀원에게는 축하를 해주고, 다른 팀원들에게는 '나도 할 수 있다.'라는 자신감을 가질 수 있도록 만들어야 한다. 이때 가장 중요한 역할을 해야 하는 사람이 바로 리더다. 팀의 리더는 성공사례가 생기면 서로 축하해주고 배울 수 있는 긍정적 분위기를 만들어야 한다.

누구에게나 강점이 있다. 그 강점을 살려서 일해야 일도 재미있고, 성과도 쉽게 나온다. 그러나 많은 사람들이 자신의 장점을 모르는 경우도 많고, 자신과 맞지 않는 일을 하는 경우도 많다. 팀의 리더라면 팀원이 어떠한 부분에 재능을 가지고 있는지 찾아서, 그 부분을 키울 수 있도록 도와줘야 한다. 경우에 따라 직원들의 강점을 살릴 수 있도록 일을 바꿔주고, 직원들끼리 약점을 매울 수 있도록 엮어주는 것도 필요하다. 그것이 서로의 능력은 키우면서도 팀의 역량과 성과를 배가하는 방법이다.

강점을 살려서 일을 하면 일의 재미를 느낄 수 있다. 재미는 굉장히 중요한 부분이다. 일에 몰입하도록 만들고, 동료들과 협력하게 만든다. 이렇게 만드는 데는 앞서 강조한 신뢰의 관계와 경청 등이 중요한 역할을 한다. 믿을 수 있는 사람에게 더 마음을 열 수 있는 것이며, 상대방의 이야기에 귀를 기울였을 때 그 상황에 맞춰 대처하고 행동할 수 있게 된다. 이게 잘 맞아떨어졌을 때 일이 재미있어지고, 일의 참맛과 희열을 느낄 수 있다.

1. 성공사례를 만들라

□ 단기간에 성공하라

한두 사람에게 열정의 불씨를 옮겨 심었다고 하더라도 이를 거대한 불길로 만들기에는 아직 모자라다. 팀원들은 보통 '이게 어떻게 될까?' 하고 지켜보는 경향이 있기 때문이다. 초기에 무언가 하나라도 된다는 것을 보여주어야 한다. 그래야 그 성공이 다른 팀원에게 자극을 주기도 하고 '나도 열심히 해야겠구나.' 하는 마음을 심어준다.

이렇게 되기 위해서는 초기 성공이 가능한 포인트를 잘 찾아내야 한다. 작은 것이라도 성공을 맛봐야 자신감을 얻고 적극적으로 행동할 수 있다. 그 성공이 비전과 전략에 일치한다면 크기는 별로 중요하지 않다. 원래 불씨는 작은 데서부터 옮겨 붙어가는 것이니까.

경쟁 PT에서의 승리 혹은 첫 번째 영업수주도 좋다. 시범 프로젝트에서 성공한 경험도 좋다. 성과의 규모와 상관없이 의미 있는 목표를 정하고 단기간 내에 전력질주해서 달성해내야 한다. 그리고 그것을 새로운 도약의 발판으로 삼으면 된다. 여기서 단기간이란 회사나 비전의 규모에 따라 다르겠지만 보통은 1~3개월 이내다.

□ 상사의 지지를 얻어라

당신이 사장이 아닌 이상 조직 내에서 당신 마음대로만 할 수는 없다. 팀의 존재이유는 조직 안에서 맡겨진 임무를 충실히 해내는 것이다. 이것을 해내기 위해 리더로서 팀에 불을 지펴 나아가는 것인데, 이것이 엉뚱한 것이어서는 안 된다. 혹여 잘못해서 조직의 목표와 상관없이 엉뚱한 방향으로 나아가게 되면 얼마 되지 않아 조직 내에서 좌절을 맛보게 된다. 그렇게 되면 이제 슬슬 피어오르기 시작하는 가슴속의 불씨는 바로 꺼진다.

상사는 문제가 있을 때만 찾는 존재가 아니다. 교무실에 계신 학생주임 선생님도 아니고, 나를 혼내려고 존재하는 사람도 아니다. 상사는 나의 성과를 책임지고 평가하는 사람이다. 성과를 더 내기 위해 노력하겠다는데 마다할 사람은 없다. 생각하고 있는 그림이 있다면 상사에게 의견을 물어보자. 정상적인 상사라면 비슷한 고민과 경험을 가지고 있기 때문에 도와줄 내용이 있을 것이다. 또한 팀이 움직이기 위해서는 여러 자원이 필요한데, 이것 역시 지원해줄 수 있는 사람이 상사다. 상사의 도움을 얻어야 원하는 성공에 조금 더 쉽게 다가갈 수 있다.

상사의 입장에서 보면 결과만 가지고 오는 직원보다, 자신에게 아이디어를 이야기하고 방법을 물어보고 지원을 요청하는 후배에게 더 마음이 간다. 자신이 도움이 되는 이야기를 해주었다면 그것이 이루어질 수 있도록 신경을 써주게 된다. 상사와 거리를 두고 내 팀원들만 챙기려고 하지 말고, 상사와 가까이 하라. 그래야 팀 차원을 넘어서는 더 큰 성공을 만들 수 있다.

여기서 많이 하는 실수가 하나 있다. 자신의 일을 하면서 상사를 변화시키려고 노력하는 것은 효과가 별로 없다는 점이다. 사병이 장교를 변화시키는 것이 쉽지 않듯, 장교가 장군을 바꾸는 것도 거의 불가능한 일이다. 일을 진행해가면서 내 의견과 다르다고 해서 상사를 바꾸는 데 필요 이상의 에너지를 쏟지 마라. 여기에 에너지를 쏟는 것보다는 제한된

조건 안에서 가능한 방법을 찾는 것이 훨씬 더 가능성이 높다. 될 만한 일이라면 상사 역시 적극적으로 밀어줄 것이다.

이러한 적극적인 지지를 얻으려면 상사가 관심을 가지고 있는 영역 안에서 성공사례를 만들어내는 것이 중요하다. 그렇게 되면 적극적인 지지와 향후 활동을 위한 여러 지원을 받을 수 있을 것이다. 또한, 성공은 자신의 입보다 상사를 통해 전파되는 것이 훨씬 범위도 넓어지고 강도도 세다. 이는 회사 내에서 프로젝트를 진행함에 있어 좀 더 쉽게 지원을 얻어내는 계기가 된다.

□ 성공을 공유하라

높은 산을 올라가는 데는 중간에 쉬며 마시는 물 한 모금, 그때 바라보는 경치의 아름다움이 한몫을 한다. 골프를 치며 그늘집에서의 즐거움이 없다면 후반전이 아주 힘들어질 것이다. 성공을 향해 가는 길은 짧은 여정이 아니다. 목표로 가는 중간에 모두가 기뻐할 만한 성공 포인트가 나온다면 잠시 멈추고 그 기쁨을 나누는 것이 필요하다.

성공의 즐거움도 함께 하고, 거기에서 오는 에너지도 나눠야 한다. 아마도 일에 지친 구성원들이 거기서 느껴지는 에너지로 많은 충전을 할 수 있을 것이다. 그 성공을 위해 가장 많은 노력을 한 구성원은 주인공으로 만들어주어야 한다. 기쁨을 충만히 느낄 수 있도록 인정해주고 칭찬해주어야 한다. 그리고 그들의 입을 통해 성공의 비결이 무엇인지 공유하게 함으로써 함께하는 전투에서 성공의 노하우를 학습하고 전파할 수 있도록 만들어주어야 한다.

성공은 한 사람의 힘으로만 이루어지는 것이 아니다. 분명 그것을 위해 뒤에서 노력하고 받쳐준 구성원들이 있기 때문에 가능한 것이다. 그들의 노력도 놓쳐서는 안 된다. 모두 자신의 관점에서 바라보기 때문에 내 노력이 크고, 다른 사람의 노력은 작아 보이지만, 각자는 자신이 가장 많이 노력하고 헌신했다고 생각한다. 그들이 팀원들의 성공에 배 아파하지 않도록 그들의 노력도 충분히 인정해줌으로써 '팀으로의 승리'를 만끽해야 한다.

승리는 다음 도전의 발판이 된다. 그냥 한 번의 승리로 끝나지 않게 해야 한다. 배고픔을 느껴야 한다. 성공을 공유하되 다음 도전을 미리 생각하고 있어야 한다. 구성원들의 기세가 한껏 올라왔을 때 그 힘을 이용해서 다음 행동으로 나아갈 수 있도록 방향을 알려주고 이끌어줘야 한다.

| 나에게 묻기 |
1. 현재 상황에서 무엇이 우리 팀의 성공사례가 될 수 있을까?
2. 상사의 지원을 받는다면 누구의 지원이 필요한가?
3. 어떤 지원이 필요하며 이를 위해 어떻게 행동하겠는가?

| 함께 읽으면 좋은 책 |
《90일 안에 장악하라》, 마이클 왓킨스(동녘사이언스, 2014)
《피터 드러커, 성공하는 리더의 8가지 덕목》, 피터 드러커 외(타임스퀘어, 2013)

2. 의욕적이고 긍정적인 분위기 만들기

□ 흐름을 만들어라

TV에서 배구 경기를 보고 있으면, 코트에는 파이팅이 넘친다. 블로킹이라도 하나 하면 모든 선수들이 코트 안을 빙글빙글 뛰어다니고, 가운데 모여 구호를 외친다. 이런 플레이가 계속되어 한 팀의 기세가 오르면 반대 팀 감독은 타임을 요청한다. 작전타임을 통해 선수들에게 어떻게 움직여야 하는지 지시하기도 하지만, 상대편의 분위기가 치고 올라가는 것을 막기 위한 의도도 있다. 이렇듯 경기에서 한번 분위기를 타면 선수들은 자신의 기량을 마음껏 뽐내게 된다. 이와 마찬가지로, 우리 팀에도 이런 뜨거운 분위기의 흐름을 만들어내야 한다.

사람들은 누구나 자신이 맡은 일을 잘할 수 있을까 하는 고민을 한다. 그러나 이러한 생각 때문에 자신의 능력을 100% 발휘하지 못하는 경우가 많다. 평소에는 잘하던 선수가 큰 경기에 나가서 실력을 발휘하지 못하기도 한다. 두려움을 내려놓을 수 있다면, 마음의 무거움을 벗고 그만큼 자신감 있게 자신의 플레이를 할 수 있다. 우리 팀의 팀원들도 부담을 덜고 마음껏 활동하도록 만들어주어야 한다. 팀에 날아다니는 선수가 많아야 그 팀은 자신들의 능력을 다 발휘할 수 있게 되고, 결국 뛰어난 성과를 만들어낸다.

그러려면 팀을 위해 공헌하거나 더 나은 성과를 위해 도전하다가 실패한 경우 이를 지지해줄 필요가 있다. 모든 실수를 다 용인할 수는 없겠지만, 의도를 파악한 후 그것이 적극적인 도전이었던 경우에는 믿고 지지해주어야 팀원들은 두려움을 내려놓고 자신의 일에 도전할 수 있게 된다. **244·245**

□ 긍정이 성과를 만든다

긍정 심리학자인 마틴 셀리그먼에 의하면 성공한 사람이 낙관주의자가 되는 것이 아니라 낙관주의자가 성공한다고 한다. 40만 명을 대상으로 한 그의 연구결과를 보면 낙관적인 사람이 비관적인 사람보다 성취도가 높고 이직률은 낮으며 대성할 가능성은 더 크다고 한다. 이는 개인뿐 아니라 팀이나 조직도 비슷하다고 한다.

물론 이러한 연구결과에 대해 "나는 세상을 바라볼 때 비관적인 편인데 어떻게 하냐?"고 반문하는 사람도 있을 것이다. 그러나 이것이 문제가 되지 않는다. 사건을 인지하고 해석하는 시각은 훈련을 통해 변화시킬 수 있기 때문이다.

비관적인 사람은 문제가 생겼을 때 그것이 당연하고, 자신 때문에 그런 일이 생겼다고 생각한다. 반면 낙관적인 사람은 안 좋은 일은 일시적인 것일 뿐이며, 어쩔 수 없는 이유가 있다고 생각한다. 반대로 좋은 일이 생겼을 때 비관적인 사람은 일시적이고 특별한 일이라고 생각하지만, 낙관적인 사람들은 그것이 당연하고 일반적인 것으로 인지하고 해석한다. 이렇듯 어떤 일이 생겼을 때 그것을 해석하는 방식, 해석하는 관점을 달리하는 연습과 훈련을 하면, 누구나 그 사건을 낙관주의자처럼 받아들이고 행동할 수 있다.

일을 하다 보면 많은 일이 벌어진다. 똑같은 사건도 어떤 관점에서 보느냐에 따라 긍정적으로 해석할 수도 있고, 부정적으로 해석할 수도 있다. 팀의 분위기를 위해서는 문제를 긍정적으로 바라보고 행동하는 것이 중요하다. 모든 일을 다 긍정적으로 바라보기는 어렵겠지만, 가능한 그

일에서 좋은 면을 찾아내서 해석하고 행동해야 손실을 최소화하고 그다음으로 나아갈 동력을 얻을 수 있다.

□ **직속상사의 영향력이 가장 크다**

팀의 분위기에 영향을 미치는 것에는 여러 가지가 있다. 사장님이 팀을 어떻게 이끌어 가시는지 윗분들의 목표도 영향을 미칠 것이고, 외부적인 경제상황도 영향을 준다. 회사의 구조나 업무의 양도 그렇고, 회사의 전통도 한몫한다. 물론 직속상사의 영향도 빠뜨릴 수 없다. 그렇다면 이 중에 팀원들에게 가장 큰 영향을 미치는 요소는 무엇일까?

가장 큰 영향을 미치는 것은 바로 '직속상사'다. 사장님보다 함께 일하는 팀장이 훨씬 더 큰 영향을 미치는 것이다. 우리가 많이 듣는 이야기 중에 "회사 보고 들어왔다가, 상사 때문에 그만 둔다."는 말을 생각해 보면 직속상사의 역할이 얼마나 중요한지 알 수 있다.

우리의 뇌에는 거울뉴런mirror neuron이라는 게 있다. 사람이 학습을 하고, 상대방의 행동과 감정을 따라하는 것도 다 이 거울뉴런 덕분이다. 우리가 회의실에 들어갔을 때 분위기가 좋으면 무슨 내용인지도 모르고 따라 웃고, 분위기가 안 좋으면 가만히 눈치를 살피는 것도 이 거울뉴런이 작동하기 때문이다. 팀원들은 누구를 가장 많이 쳐다보겠는가? 누구의 영향을 가장 많이 받겠는가? 한가운데에 앉아서 회의를 이끄는 팀장, 리더다. 리더의 행동과 감정을 가장 많이 따라하게 되고, 거기에 가장 큰 영향을 받는 것이다.

리더로서 긍정적인 분위기를 만들기 위해서는 그 자신의 헌신이 필요 **246·247**

하다. 팀을 위해서 힘들더라도 먼저 웃고, 인정해주고 칭찬하면서 솔선수범해야 한다. 팀의 분위기를 좋은 쪽으로 이끌어 나가는 데 신경 써야 한다. 그래야 거울뉴런이 작동해서 팀원들도 웃고, 인정하고 칭찬하며, 솔선수범할 것이다.

| 나에게 묻기|
1. 회사생활을 하면서 경험한 가장 큰 성공은 무엇이었나? 그 성공의 요인은 무엇인가?
2. 우리 팀의 긍정적인 분위기는 100점 만점에 몇 점인가?
3. 긍정적인 분위기를 만들기 위해서 어떻게 해야 하겠는가?

| 함께 읽으면 좋은 책|
《낙관성 학습》, 마틴 셀리그만(물푸레, 2012)
《긍정적 이탈》, 제리 스터닌 외(RHK, 2012)

3. 강점을 활용하라

□ 무엇을 가지고 일하는가?

회사의 관리자들과 이야기를 나누다 보면 의외로 자주 듣는 이야기가 "말 안 듣는 직원을 어떻게 자르면 좋은가?"라는 질문이다. 상황을 파악하기 위해 이야기를 더 들어보면 성과를 못 내는 원인을 모두 직원의 잘못으로 돌리는 경우가 많다. 과연 모든 책임이 직원에게만 있는 걸까?

회사에는 많은 직원들이 함께 일한다. 각각의 개인들을 비교해보면 뛰어난 성과를 내는 직원도 있고, 반대로 성과가 나지 않아 힘들어하는 직원도 있다. 과연 어디에서 차이가 생기는 것일까? 여러 이유가 있겠지만, 중요한 요소 중 하나는 '자신의 강점을 활용하며 일하느냐?'이다.

그렇다면 왜 조직은 직원들의 강점을 제대로 활용하지 않았을까? 이유는 "사람은 교육을 받으면 어떤 분야에서든 유능해질 수 있다."라는 생각과 "그들의 성장을 위해 약점을 보완해줘야 한다."는 생각으로 직원들을 관리하기 때문이다. 약점을 채워서는 아무리 잘해도 평범한 팀원 이상은 만들어내지 못한다.

강점이란 한 가지 일을 완벽에 가까울 만큼 일관되게 처리하는 능력이다. 어떤 장점이 개인의 강점이 되기 위해서는 타고난 재능에 기술과 지식이 합쳐져야 한다. 자신의 재능을 찾아 제 몫을 할 수 있도록 갈고 닦아야 강점이 되는 것이다.

여기서 중요한 것은 재능이다. 재능이 있는 사람은 기술과 지식이 부족해도 어느 정도 성과를 내고, 배우기 시작하면 금방 따라하며 두각을 나타낸다. 하지만 재능이 없는 사람은 아무리 노력해도 어느 수준까지는 **248·249**

올라갈 수 있지만 그 이상의 완벽한 수준으로 올라가기는 어렵다.

사람은 누구나 자신만의 재능talent이라는 원석을 가지고 있다. 그것을 발견해서 갈고 닦아야 보석처럼 빛을 발한다. 일반적으로 강점이 만들어지는 시간이 '1만 시간'이라고 한다. 하루에 3시간, 1주일에 20시간씩 10년을 투자해야 자신의 재능이 보석이 되는 것이다. 강점을 만들려면 본인의 재능이 무엇인지 빨리 찾고, 의식적으로 훈련하는 것이 유리하다.

□ 강점을 찾으려면?

보통 강점이라 하면 주변 사람으로부터 그동안 잘한다는 이야기를 들어온 요소일 것이고, 스스로도 자신 있는 부분일 것이다. 자신에게는 너무 쉬워서 사실 강점도 아니라고 생각하는 부분이 강점인 경우도 많다.

하지만 막상 나의 강점을 찾으려고 하면 쉽지도 않고, 과연 강점이 맞는지 확신이 안 드는 경우도 많다. 이럴 때는 주변의 동료나 가족들에게 내가 무엇을 잘하는지 물어보면 도움이 된다. 많은 사람으로부터 내가 잘하는 부분이라는 이야기를 듣고, 자신도 그것이 쉽고, 재미있으며, 금방 배우는 부분이라면 강점일 가능성이 높다. 몇 가지 강점이라고 예상되는 부분이 있으면 그것을 더 잘하기 위해서 지식도 더 쌓고, 기술도 더 연마해보라. 오랜 시간 계속해도 질리지 않는다면 그것이 강점으로 도드라진다.

□ 강점을 잘 활용하는 방법

뛰어난 성과를 내는 직원은 자신의 강점을 활용해서 일을 한다. 강점을 활용하는 횟수가 많고, 이를 잘 활용하면 업무성과와 개인의 만족도가 높아진다. 반면 성과가 나지 않는 직원은 개인의 강점을 활용하는 기회가 적고, 오히려 약점을 보완하기에 급급하다. 자신이 못하는 일을 주로 하다 보니 성과는 나지 않고 일의 만족도도 떨어진다.

강점과 약점은 배에 비유할 수 있다. 강점은 배의 돛과 같고 약점은 배의 구멍과 같다. 배가 잘나가기 위해서는 약점은 메우되 강점을 잘 살려야 한다. 여기서 좋은 방법 중 하나는 각자 자신의 약점을 보완하는 데 시간을 쓰는 것이 아니라 서로의 강점을 가지고 약점을 메워주는 것이다.

예를 들어 A라는 직원은 외향적이고 사람 만나는 걸 좋아하지만 서류작업을 할 때 시간이 너무 많이 걸리고 오류가 많다. 반면 B라는 직원은 성격이 꼼꼼하고 자신이 맡은 일은 잘하지만, 사람을 만나는 데 너무 많은 에너지를 뺏기고 힘들어하는 내향적인 성격이다. 그렇다면 두 명이 각자 자신의 약점을 메우고 나서 강점을 살리는 것도 방법이겠지만, 둘이 같이 일할 수 있도록 묶어줄 수도 있다.

외향적인 A는 사람 만나는 일을 전담해서 돌아다니고, 그가 해야 하는 서류작업이나 정리 등은 내향적인 B가 맡아주는 것이다. 그렇게 되면 서로 좋아하고 쉬운 일, 강점을 살리는 일을 하게 되므로 생산성은 훨씬 더 좋아진다. 또한 상대방의 강점을 보고 배울 수 있으므로 함께 일하는 동안 조금씩 자신의 약점을 보완할 수도 있다. 둘이 만들어낸 성과로 함께 평가받는다면 A와 B는 더욱 협력해서 일할 것이다.

농구 경기는 키 큰 사람이 유리하지만 5명 모두 센터로 팀을 구성하면 경기에서 이길 수 없다. 가드도 있어야 하고, 포워드도 있어야 한다. 원하는 성과를 내기 위해서 필요한 강점과 역량은 다양하다.

뛰어난 리더가 되려면 구성원들의 재능은 무엇이고 강점은 무엇인지를 찾아야 한다. 그리고 조직의 목적을 달성하기 위해 그들의 강점을 어떻게 조합할지 고민해야 한다. 목표를 이루기 위해 내가 가지고 있는 자원을 조합해서 최고의 성과를 내는 방법을 찾는 것. 이것이 전략이다.

| 나에게 묻기 |

1. 나의 강점은 무엇인가?

2. 팀원들의 강점은 무엇인가?

3. 최상의 성과를 내기 위해서 구성원들의 강점을 조합한다면 어떻게 하겠는가?

| 함께 읽으면 좋은 책 |

《위대한 나의 발견 강점 혁명》, 마커스 버킹엄 외(청림출판, 2013)

《아웃라이어》, 말콤 글래드웰(김영사, 2009)

유지 Elaborate

땔감을 계속 넣어라. 아쉬운 부분은 고쳐야 무너지지 않는다.

불을 붙이는 것만큼 힘든 것이 붙은 불을 유지하는 것이다. 시간이 지나다 보면 무언가 생각과 다르게 문제를 일으키는 요소들이 보인다. 이때 가만히 있다 보면 그것은 더 큰 문제를 불러일으킨다. 잘하는 것은 잘하는 데로, 문제가 보이면 그것을 개선하기 위해서, 팀원 각자에게 꼼꼼히 피드백을 해주어야 한다. 문제가 보일 때마다 조금씩 고쳐나가는 것이다.

조직에 불이 완전히 옮겨 붙기 전에 잘못된 방법으로 피드백을 과하게 하면 마음의 불씨를 꺼뜨릴 수 있는 요인이 된다. 하지만 어느 정도 조직에 불이 붙었다고 확신이 들면 좀 더 나은 발전을 위해 구성원들의 부족한 점을 채워주도록 노력해야 한다. 다만 그 방법에 있어서는 노련해질 필요가 있다. 왜 피드백을 하는 것인지, 무엇을 개선해야 하는지, 어떻게 해야 하는지를 명확하게 공유함으로써, 리더가 팀원을 혼내는 것이 아니라 더 발전하도록 도와주는 것이라는 생각이 들게 해야 한다.

이러한 변화는 하루아침에 이루어지지 않는다. 꾸준한 실천을 통해 습관으로 만드는 것이 중요하다. 또한 이러한 변화는 혼자서 이루기는 어렵다. 결국 사람관계가 이러한 실천과 변화에 도움을 준다. 팀장이 팀원들의 변화를 계획적으로 관리하고 이끌면, 실천습관을 들이기도 좋고 이는 결국 성과와도 직결된다. 실천의 시스템화가 필요한 부분이다.

뛰어난 팀은 개인들의 단순한 집합이 아니라 팀원 개인마다 맡겨진 역할과 책임이 있다. 이것의 조화가 잘 맞아야 하고, 팀원 각자가 자신의 역할을 인식하고 제 몫을 해야 한다. 그런데, 현대 사회는 워낙 빨리 변하기 때문에 우리가 맞닥뜨리게 되는 현실도 시시각각 변한다. 시장이 변하고 경쟁상황도 변한다. 이에 맞추어 팀과 개인의 역할도 변화해나가야 한다. 꾸준히 지켜나가는 것 못지않게 리더는 무엇을 수정해야 하는지 관심 있게 살펴보고 고쳐나가야 한다. 그래야, 어느 순간 크게 무너져 내리는 것을 막을 수 있다.

1. 정교한 피드백이 필요하다

□ 피드백은 어렵다

피드백은 상대방의 성장을 위해서 해주는 도움의 말이지만, 잘못하면 오히려 상처가 된다. 이 점을 모르는 사람은 피드백 혹은 피드백을 가장한 질책을 너무 과하게 해서 상대방의 의욕을 꺾어버리거나, 마음이 약한 리더의 경우는 상대방을 위한 피드백을 주는 것에 주저함으로써 팀원이 성장할 수 있는 기회를 날려버린다. 아픈 곳을 도려내는 수술은 너무 과해도 문제가 있지만, 그렇다고 너무 덜해도 그 문제가 또다시 재발하게 마련이다. 그렇기 때문에 상대방의 수준에 맞게 적절하게 피드백을 할 수 있는 것은 도와주는 사람의 수준이자 능력이라 말할 수 있다.

피드백은 내가 그 문제와 관련된 말을 해줬다는 것이 중요한 게 아니다. 상대방이 리더의 피드백을 듣고 변화하는 것이 핵심이다. 그렇다면 피드백의 대상자가 자신의 의견을 충분히 이야기하고 그 행동과 변화에 관여하도록 하는 것이 훨씬 더 효과적인 방법이다.

□ 피드백의 3대 요소를 확인하라

피드백을 해줄 때 먼저 생각해야 할 것은 내가 무엇what을 피드백할지 결정하는 것이다. 상대방에게 피드백을 해주기 위해서는 확실한 사실fact에 근거해서 피드백을 해야 한다. 그러려면 관찰을 해야 한다. 그냥 생각한 것을 가지고 이야기하는 것이 아니라 관찰한 사실을 가지고 이야기하려면 상대방을 꼼꼼히 살피게 되고, 그러한 노력이 상대방으로 하여금 본인의 성장을 위해서 리더가 노력을 한다고 느끼게 한다.

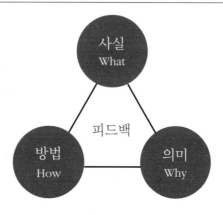

피드백＝사실＋의미＋방법

관찰한 사실을 가지고 피드백을 해줄 때는 왜why 그것을 개선해야 하는지 혹은 더 열심히 해야 하는지 그 의미를 알려주어야 한다. 사람은 사물과 행동에 대해서 각자 부여하는 의미가 다르다. 어떤 물건이 누구에게는 소중한 것일 수 있지만, 다른 사람에게는 별것 아닐 수 있는 것처럼, 사람의 행동도 의미가 다를 수 있다. 팀장이 보기에는 고쳐야 하는 행동인데 팀원은 별것 아니라고 생각할 수도 있다. 그럴 때는 팀장이 왜 그런 생각을 하고 있는지, 그 행동을 고치는 것이 어떤 의미를 가지고 있는 것인지를 팀원에게 알려주어야 한다.

의미를 알았다면 그다음은 방법how이다. 우리는 각자가 가지고 있는 경험과 지식을 상대방도 똑같이 가지고 있을 거라고 쉽게 생각한다. 하지만 그렇지 않다. 상대방은 내 방법에 대해 알 수도 있고 모를 수도 있다. 이때 상대방의 수준을 고려해야 한다. 피드백의 대상자가 그 방법을 잘 알고 있다면 그가 적극적으로 계획을 세울 수 있도록 하는 것이 효과적이고, 모를 경우에는 꼼꼼히 알려주어 쉽게 행동을 옮길 수 있도록 도와주어야 한다.

궁극적으로 피드백은 상대방 행동을 변화시키는 것이 목적이다. 말은 실컷 했는데 상대가 전혀 변하지 않는다면 그건 좋은 피드백이 아니다. 상대방이 행동할 수 있도록 그에게 중심을 두고 도와주는 것이 좋은 피드백이다.

□ 피드백을 줄 때와 받을 때 유의할 점

피드백을 줄 때 팀원에게 하고 싶은 이야기가 무척 많을 때가 있다. 예컨대 해주고 싶은 이야기가 100가지라면 팀원이 그것을 모두 받아들일 수 있을까? 아마도 전체를 다 받아들일 수는 없을 것이다. 그렇기 때문에 피드백을 줄 때는 상대가 얼마나 받아들일 수 있는지를 고려해서 전해주어야 한다.

순서는 중요한 것부터 해주어야 한다. 팀원이 딱 한 가지만을 기억한다면 그에게 가장 필요한 것이 무엇일까? 물론 쉬운 일은 아니다. 팀원의 상황을 전체적으로 조망하고 그 안에서 그가 지금 어떤 상황인지 생각해봐야 한다.

피드백을 해줄 때 항상 면대면 방식만 고집할 필요는 없다. 편지를 써주거나 상대방에게 가장 큰 영향을 줄 수 있는 사람을 통하는 것도 방법이다. 중요한 것은 상대방이 더 나아지도록 하는 데 가장 효과적인 방법을 택하는 것이니까.

피드백은 부하직원이나 후배직원에게만 필요한 것이 아니라 누구에게

나 필요하다. 사람은 누구나 못 보는 부분이 있기 때문이다. 나의 뒤통수나 뒷모습을 보려면 거울이 필요한 것처럼, 스스로 보지 못하는 부분에 대해 도움이 될 만한 이야기를 해준다면 기꺼이 받아들일 줄 알아야 한다.

그런데, 실상은 상대방의 피드백을 잘 받아들이는 것이 쉬운 일은 아니다. 좋은 약이 입에 쓴 것처럼 상대방의 피드백을 들으면, 인정하고 받아들이기보다 부정하거나 회피하고 무시하려는 경향이 크다. 심리학적으로는 자아에 위협을 받을 때 자신을 보호하기 위한 심리적인 방어기제가 작동하기 때문이다.

피드백을 받을 때는 이 방어기제 안에서 자신에게 필요한 것을 추출해서 받아들일 필요가 있다. 타인이 하는 피드백이 100% 맞는 것은 아니다. 그가 상황을 잘 모를 수도 있고, 경험이나 지식이 부족할 수도 있다. 하지만 상대방의 피드백을 무조건 무시한다면 성장을 못할 뿐만 아니라 더 큰 실수를 할 수도 있다.

피드백을 받으면 듣는 사람도 그 내용을 꼼꼼하게 잘 들어야 한다. 그리고 그 내용을 감정과 사실로 구분하고 그것이 의미하는 바를 잘게 잘라 곱씹어봐야 한다. 그중에서 나에게 의미가 있고 도움이 될 만한 것을 가려서 취하면 된다. 자신에게 맞지 않은 것에 대해서 "No!"라고 거절할 줄 알아야 상대방이 해주는 피드백에 대해서 무턱대고 피하지 않게 된다.

세계 최고 레벨의 운동선수들에게도 코치가 있다. 그들이 실력이 모자라서 코치가 있는 것이 아니다. 코치보다 더 나은 성과를 이룬 선수도 많다. 하지만 그들이 코치의 이야기를 듣는 이유는 자신이 못 보는 부분을 말해주기 때문이다. 언제나 최고의 자리에 올라가고, 그 자리를 지키는 사람은 주변의 피드백을 잘 듣고, 그것을 자신의 것으로 만드는 사람이다.

|나에게 묻기|
1. 주변에 피드백을 잘하는 사람과 못하는 사람은 누구인가? 그 둘의 차이는 무엇인가?
2. 피드백을 잘하기 위해서는 어떻게 해야 할까?
3. 피드백을 더 잘 받아들이기 위해서 어떻게 하겠는가?

|함께 읽으면 좋은 책|
《피드백의 기술》, 하버드 비즈니스 프레스(한스미디어, 2008)
《피드백 이야기》, 리처드 윌리엄스(토네이도, 2012)

2. 습관 만들기

□ 습관이 중요한 이유

박경리 작가의 소설 《토지》는 완성되는 데 25년의 시간이 걸렸고, 조정래 작가의 《태백산맥》은 6년 넘게 걸렸다. 이처럼 훌륭한 작품, 대작은 하루아침에 만들어지지 않는다. 끊임없는 노력과 도전의 결과물로 나오는 것이다.

어찌 보면 고통스러울 것 같은 그 시간들을 작가는 어떻게 버텨냈을까? 매일 같이 그것을 의식적으로 하려고 했다면 너무나 힘들었을 것이다. 물론 자신들이 좋아하는 일이었겠지만 여기에는 습관의 힘이 컸다. 모차르트는 이른 아침과 늦은 저녁을 이용하여 작곡을 했고, 칸트는 오후 3시에 산책을 하고 저녁시간에 주로 글을 썼다고 한다. 주민들이 그가 나타나는 것을 보고 시계를 맞췄다고 하니, 얼마나 정확하게 습관을 지켰는지 알 만하다.

습관이 중요한 이유는 몸을 '자동화' 모드로 바꿔주어 어려운 일도 꾸준히 할 수 있도록 만들어주기 때문이다. 우리의 뇌는 일을 효율적으로 처리하고자 하는 특징이 있기 때문에 자동화가 가능하다. 매일 반복하는 행동에 대해서 뇌가 자동적으로 처리하는 것이다. 아침저녁으로 운전을 하며 출퇴근하다 보면, 어느 순간 잠시 딴 생각을 하면서 운전을 하더라도 사고 없이 목적지에 도착할 수 있다. 같은 작업에 대해 몸이 자동화되어 알아서 움직여주는 것이다.

어떤 습관이냐에 따라 다르지만, 우리 몸이 자동화되기까지 빠르면 21일, 보통은 90일 정도의 시간이 걸린다고 한다. 이 정도가 기본 값이다. '습관을 들이려고 하는데 왜 나만 이렇게 고통스러울까?' 하는 사람이 있다면 적어도 21일간 매일 해보고 나서 판단해보라.

한꺼번에 무리하게 바꿀 수는 없다. 나에게 필요한 습관을 하나씩 쌓아보자. 아침에 일어나 공부하는 습관, 운동하는 습관 등 하나씩 하나씩 갖다 보면 결국 그것들이 모여 우리를 성공으로 이끈다. 습관이란 성공의 에스컬레이터를 타는 것이다.

습관을 잘 활용하는 것은 자신뿐만 아니라 팀원을 이끄는 데도 도움이 된다. 보통 팀장과 팀원의 갈등을 불러일으키는 요소 중의 하나가 팀원이 왜 시키는 대로 일하지 않느냐는 것이다. 그런데 한번 생각해보자. 그동안 안 하던 일을 상사의 말 한 마디에 바꾸는 것이 어디 그리 쉽겠는가? 나도 못하는 것을 남에게 강요하진 말자. 그렇다면 어떻게 해야 하는가? 습관으로 관리하는 것이다. 바꾸었으면 하는 행동이 몸에 밸 때까지 함께 계획을 세우고 관리함으로써 변화를 이끌어주는 것이다.

□ 습관은 어떻게 만들어지나?

해마다 새해가 되면 많은 사람들이 금연을 선언한다. 하지만 몇 주가 지나면 손에 다시 담배가 쥐어져 있다. 저녁에 집에 들어가면 TV를 보는 대신 공부를 해야겠다고 마음먹지만, 몸은 어느새 리모컨을 붙잡고 소파에 누워 있다. 나쁜 행동이나 안 좋은 습관을 '하지 않으려고' 노력해보지만, 그 의지는 쉽게 무너져 내린다.

나쁜 습관은 좋은 습관으로 고쳐야 한다. 컴퓨터에 기존 파일을 새로운 파일로 덮어씌우듯, 안 좋은 습관은 새로운 좋은 습관으로 덮어씌워야 한다. 담배를 끊기보다 다도를 시작하고, TV를 안 보는 것보다는 저녁산책을 하는 것이다. 좋은 습관을 들여 안 좋은 행동을 자연스럽게 안 하도록 만들어야 한다.

습관은 '신호cue 〉 반복행동routine 〉 보상reward'이 순환되며 만들어진다. 예를 들어, 오후 4시가 되면 피곤함이 몰려온다(신호). 휴게실에 가서 담배를 핀다(반복행동). 그러면 피로가 풀린다(보상). 반대로 운동하는 습관이 있다면 새벽에 6시만 되면 기상한다(신호). 출근길에 헬스클럽에 들러서 운동을 한다(반복행동). 운동을 마치고 나면 상쾌함을 느낀다(보상).

습관을 시작하게 만드는 신호와 반복적인 행동, 보상의 종류를 바꿈으로써 우리는 습관을 만들 수 있다. 피곤함이 몰려올 때 담배가 아닌 녹차를 마실 수도 있고, 아침에 운동 대신 영어공부로 성취감을 느낄 수도 있다. 원리를 이해하면 습관을 들이는 것이 좀 더 쉬워진다.

□ 습관을 만드는 효과적인 방법

습관을 만드는 효과적인 방법을 알면, 자신의 습관을 만들 때뿐만 아니라, 팀원에게 필요한 행동을 하도록 변화시킬 때도 유용하다.

－우선순위를 높여라

현대인은 바쁘다. 항상 시간은 모자라고, 부족한 시간 안에서 원하는 행동을 선택하게 된다. 우선순위가 낮은 행동은 실행할 가능성이 낮다. 영어공부를 하겠다고 마음먹었다면 일어나자마자 가장 먼저 하는 행동이 영어공부가 되어야 한다. 그래야 빼먹을 가능성이 낮아진다.

– 즐거움을 만들어라

무턱대고 하는 것은 오래가지 못한다. 그 안에서 즐거움을 느껴야 오래 할 수 있다. 영어공부를 한다면 외국인 친구와 만나서 이야기하는 즐거움을 느껴야 오래 하고, 운동을 한다면 그것을 통해 몸이 좋아지는 모습을 느껴야 꾸준히 한다. 개인마다 즐거움의 포인트는 다를 것이다. 찾아야 한다. 어떤 점이 즐거운지. 그 즐거움을 느끼기 시작하면 그만둘 가능성은 줄어든다.

– 나에게 맞는 방법을 지속적으로 찾아라

한동안 새벽형 인간이 유행하던 시기가 있었다. 하지만 아무리 노력해도 안 되는 사람이 있다. 누구는 새벽에 머리가 맑고, 누구는 한밤중에 더 반짝거린다. 정답은 없다. 오직 자신에게 맞는 답이 있을 뿐이다. 공부를 하는 것도 하루에 5장을 할 수도 있고, 3장을 할 수도 있고, 1장을 할 수도 있다. 실천을 하면서도 자신에게 맞는 방법을 지속적으로 찾는 노력을 해야 한다. 그 노력을 하는 동안 지루함도 사라지고, 효율성도 좋아진다.

– 가치를 충분히 누려라

습관을 들여야 하는 이유는 무엇인가? 그것이 주는 의미와 혜택을 생각해보라. 일기를 쓴다면 그것을 통해 얻고자 하는 것이 생활의 정리일 수도 있고, 일상의 깨달음일 수도 있고, 미래를 위한 준비일 수도 있다. 이 모두일 수도 있다. 습관이 본인에게 주는 가치가 무엇인지 찾고 충분히 누려야 한다. 가치가 10인 습관보다 100인 습관을 지속할 가능성이 훨씬 크기 때문이다.

□ 습관 실천표

1주	세부내용	월	화	수	목	금	토	일	평가
1									
2									
3									
2주	세부내용	월	화	수	목	금	토	일	평가
1									
2									
3									
3주	세부내용	월	화	수	목	금	토	일	평가
1									
2									
3									
4주	세부내용	월	화	수	목	금	토	일	평가
1									
2									
3									

-가시적인 도구를 활용하라

우리는 정보의 홍수 속에서 살아간다. 눈앞에 지속적인 자극이 나타나고, 정신없이 새로운 일에 끌려 다닌다. 여차하다가는 정신없이 하루가 가고, 1주일이 지나간다. 그런 혼란 속에서 잊지 않고 지켜나가기 위해서는 가시적인 도구가 필요하다. 특히 습관이 몸에 배지 않은 초기에는 실천점검표를 책상 앞에 붙여 놓고 매일같이 체크하면서 본인이 실천하고 난후에 성취감을 느낄 수 있어야 한다.

| 나에게 묻기|

1. 지금 나에게 꼭 필요한 습관은 무엇인가?

2. 그 습관을 들이기 위해 신호, 반복행동, 보상을 어떻게 구성하겠는가?

3. 팀원의 행동변화를 위해 어떻게 도와주겠는가?

| 함께 읽으면 좋은 책|

《습관의 힘》, 찰스 두히그(갤리온, 2012)

《성공하는 사람의 7가지 습관》, 스티븐 코비(김영사, 2003)

3. 자원 투입은 이렇게

□ 열심히 달리려면 연료가 필요하다

아무리 차가 좋아도 기름이 없으면 목적지에 도달할 수 없다. 점화된 팀이 열심히 달려 왔다면, 그리고 계속적으로 같은 속도를 유지하면서 달려가기 위해서는 필요한 자원을 적시에, 추가적으로 공급해주어야 한다. 필요한 자원에는 크게 3종류가 있다.

－인적 자원

팀원들의 가슴에 불이 붙어 적극적으로 일을 했다면 일의 크기가 커졌을 가능성이 크다. 또한 오랫동안 몰입해서 일함으로써 직원들이 가지고 있던 에너지도 많이 소모했을 것이다. 큰 차를 몰기 위해서는 더 큰 엔진이 필요하다. 일이 커진 만큼 적절한 인원을 추가적으로 투입함으로써 일의 추진속도를 유지하거나 더 빠르게 만들어야 한다. 탄력 받은 일에 가속 패달을 밟지 않으면 결국은 속도도 떨어지고 성과도 줄어들게 된다.

－금전적 자원

일이 진행되려면 많은 자원이 필요하다. 그중 빼놓을 수 없는 부분이 금전적 자원이다. 금전자원으로는 외부 인적 자원을 활용할 수도 있고, 업무 진행에 소요되는 필수적인 요소들을 해결할 수 있다. 금전적 자원의 장점은 일에 필요한 많은 요소들과 교환이 가능하다는 점이다.

－정서적 자원

사람은 밥만 먹고 살 수 없다. 돈만 가지고는 모든 것이 채워지지 않는다. 지속적으로 필요한 에너지 중의 하나가 정서적 에너지다. 감정적으로 응원받고, 인정받고, 칭찬받는 정서적 자원이 더해지지 않으면 인적 자원이나 금전적 자원을 투자해도 효율성이 떨어진다.

□ 인적 자원을 운영할 때 고민해야 할 점

똑같은 인적 자원도 어떻게 운영하느냐에 따라 결과물은 달라진다. 리더는 팀을 운영할 때 아래와 같은 요소들을 고려하고 고민해야 한다.

－자신의 역할을 알아야 한다

팀원들이 모든 일을 똑같이 하는 것보다는 자신의 강점을 살려서 일을 나눠 하는 것이 효과적이다. 분업의 효과는 말하지 않아도 알 것이다. 각사의 역할이 명확히 정해져야 한다. 시작부터 끝까지 흐름에 막힘이 없어야 하고 자연스럽게 넘어갈 수 있어야 한다. 모호한 일의 분류는 갈등의 원인이 된다. 일의 종류와 크기에 따라 투입되는 인력은 다르겠지만 리더는 명확하게 역할과 책임을 나눠주어야 하며, 팀원들은 자신의 역할과 책임을 명확하게 인지하고 움직여야 한다.

－전체적인 균형이 맞아야 한다

일이라는 것이 생물과 같다. 변화가 적은 일도 있겠지만, 성장기에는 새로운 일이 쏟아져 나온다. 이때 누가 누구를 도와줄 것인지, 어떻게 함께 일할 것인지도 미리 약속이 정해져야 한다. 그래야 급박하게 일이 발생되는 상황에서 시간 지체 없이 즉각적인 대응이 가능하며 일이 쏠리는 현상을 막을 수 있다.

－개인이 아니라 팀이 중요하다

일은 잘하는 직원에게 많이 몰리게 되어 있다. 아무리 열심히 하는 사람도 끊임없이 일이 몰려들면 결국 지치게 되어 성과가 떨어지거나, 지쳐 쓰러지거나, 이직한다. 한두 사람에게 의존하면 그들에게 문제가 생겼을 때 성과가 급격히 떨어진다. 또한 일부만 주인공이 되면 다른 팀원들은 의욕을 상실하게 된다. 균형을 맞춰가던 팀에서 한 명이라도 문제가 생겨 이탈하면 이는 도미노 현상처럼 다른 직원에게 부정적인 영향을 미친다. 그래도 팀으로 움직이면 충격도 비교적 덜하고, 극복할 가능성도 높다.

□ 자원을 효율적으로 활용하려면

현장에서는 언제나 자원이 부족하다. 어찌 보면 리더의 역할 중의 하나가 주어진 자원의 효과를 극대화하는 것이다. 무조건 많은 자원을 퍼부어서 원하는 결과를 얻는 것이 잘하는 것이 아니라, 자원을 효과적으로 활용하여 효과를 극대화하는 것이 잘하는 것이다.

자원을 새로 투입할 때는 기존의 팀에 어떤 영향을 줄지 잘 따져봐야 한다. 새로운 사람이 투입될 때 기존 멤버의 궁합, 새로운 금전적 자원이 투여될 때 어느 부위에 집어넣을지, 정서적 자원을 투여할 때 누구부터 어떤 내용으로 넣어줄지. 그래야 자원을 투입하고도 성과가 안 나오는 부작용을 줄일 수 있다.

리더는 자원이 투입되지 않을 때도 대비해야 한다. 전쟁터 같은 현실에서는 이런 경우가 비일비재하기 때문이다. 그때는 먼저 확보할 수 있는 자원을 최대한 확보해야 한다. 인적 자원의 능력을 키워 활용도를 극대화해야 하며, 직접적인 금전이 아니더라도 교환할 수 있는 자원이 있으면 확보해야 한다. 또한, 스스로 가장 먼저 나서 정서적 자원을 넣어 줌으로써 어려움을 극복해야 한다. 팀원들이 새로운 역할과 일을 배워보고 싶어 한다면, 하던 일을 바꾸거나 새로운 프로젝트에 참여시킴으로써 의욕을 돋우며 나아가게 할 수도 있다.

|나에게 묻기|
1. 현재 우리 팀에 부족한 자원은 무엇인가?
2. 자원을 투입한다면 어디에 무엇을 투입하겠는가?
3. 자원이 조달되지 않는다면 어떻게 하겠는가?

|함께 읽으면 좋은 책|
《인적 자원 관리》, 제프리 페퍼 외(21세기북스, 2009)
《Workforce Scorecard : 전략적 인력 경영을 위한 인력 성과표》, 마크 휴슬리드 외(비즈니스북스, 2008)

판단!

불이 약해질 때면 판단하라. 그대로 유지할 것인지 새 불을 붙일 것인지.

하나의 목표를 가지고 불을 붙여 팀을 운영하다 보면, 지속하던 목표에 대해서 계속 유지하면서 이끌고 가야 할지 아니면 새롭게 다시 시작해야 할지 선택해야 하는 시기가 온다. 판단의 기준은 기존의 목표를 이루었는지 혹은 결정의 시기에 원하는 결과를 얻기 위해 어떤 방식을 취하는 것이 유리한지에 달려 있다.

이러한 판단을 하기 위해서는 세밀한 관찰이 필요하다. 구성원들은 현재 어떤 행동을 보이고 있는지, 어떤 마음을 가지고 있는지 살펴보고 이야기를 나눠야 한다. 또한 조직의 목표를 잃어버리면 안 된다. 가고자 하는 비전에 맞게 가고 있는지, 원하는 진략은 달성되있는지, 초기에 수립했던 계획을 어느 정도 달성했는지 꼼꼼히 따져야 할 것이다.

결정을 내릴 때는 이성적으로 데이터를 꼼꼼히 따져보는 것도 중요하지만, 간혹 데이터가 말해주지 못하는 부분은 무의식이나 감感에 의존해 판단해야 한다. 데이터를 따져볼 때는 어떤 것이 내가 보고자 하는 핵심 기준을 잘 표현해주는지를 알아야 한다. 데이터를 살펴볼 때도 무엇이 필요한지 알아야 엉뚱한 자료를 만들거나 보는 데 시간 낭비하지 않고, 쓸데없는 기준을 측정하는 오류를 피할 수 있다.

많은 정보를 머릿속에 입력하고, 구성원들과의 대화나 자신이 관찰한 내용을 종합하여 최적의 결정을 해야 한다. 리더십은 결국 이러한 결정에서 온다. 누가 보더라도 맞다고 할 수 있는 결정을 실수 없이 내릴 때, 리더는 신뢰를 얻고 권위를 확보하게 되는 것이다.

목표했던 부분이 무난하게 진행되고 있다면, 아니 조금은 일상화되어 구성원들이 긴장감을 내려놓고 안주하려고 한다면 과연 현재 상황을 그대로 유지하는 것이 맞는지 판단해야 한다. 이루고자 했던 큰 목표나 비전이 달성되었을 때는 기존에 해왔던 프로세스에 얽매이기보다 새로운 것을 시작하는 편이 나을 때가 있다.

이때는 준비부터 점화, 확산, 유지의 작업 동안 개인과 팀 안에 쌓여온 지식과 경험을 객관화하고 형식화하는 것이 중요하다.

이러한 것들을 성과로 만들어내지 못하면 그 자산이 쉽게 사라질 수 있기 때문이다. 팀이 해온 금전적 성과뿐만이 아니라, 학습한 부분, 정서적으로 확보한 부분까지 모두 꺼내놓고 확인하며 다음 도전을 위한 자원으로 만들어야 한다.

1. 세밀한 관찰이 필요하다

□ 문제해결의 시발점

판단을 하려면 근거가 필요하다. 정확한 판단을 하려면 현실을 똑바로 봐야 가능하다. 있는 그대로를 보기 위해서는 관찰해야 하고, 목표의식을 가지고 살펴봐야 한다. 그렇게 살피다 보면 문제를 찾을 수 있다. 해결해야 하는 과제가 생기는 것이다. 문제가 무엇인지 확실해졌다면 내가 생각하는 것과 무엇이 다른지 비교하고, 의심을 품고, 분석하고, 고민해야 한다. 왜 그러한 현상이 생겼는지 원인을 찾으려는 노력을 해야 한다. 이러한 마음을 가지고 지속적으로 관찰하면 여러 번의 관찰 경험을 바탕으로 문제의 본질이 무엇인지 찾을 수 있다.

본질이 무엇인지 알면 해결책을 만드는 것은 오히려 쉽다. 보통은 겉으로 보이는 현상만 해결하려 하다 보니 미봉책에 그친다. 문제의 근본 원인을 찾아야 장기적이고 근본적인 해결책을 만들 수 있다.

관찰한 사실 속에서 문제와 해답을 찾아야지, 거꾸로 미리 머릿속에 가지고 있던 선입관에 내용을 맞추려고 하면 오류가 생긴다. 가설에 맞는 정보만 취사선택하게 된다. '의식'을 가지고 관찰하되 '의도'를 가지고 바라보면 안 된다.

지금 보이는 것을 보되, 시간의 흐름 속에서도 관찰할 줄 알아야 한다. 그래야 많은 통찰을 얻을 수 있다. 깨달음은 단순한 정보에서 오기보다는 관계 속에서 온다. 사람과 사람 사이의 관계, 시간과 시간 사이의 관계. 이는 꾸준히, 세밀히 관찰해야 많은 것을 깨달을 수 있다.

□ 제대로 관찰하기 위한 5가지 방법

- 목적을 가지고 살펴야 한다

아무런 생각 없이 바라보기만 하면 보이는 것이 별로 없다. 무엇을 해결하려고 하는지, 어떤 문제의식을 가지고 있는지, 목적을 가지고 관찰해야 한다. 그래야 중요한 사실을 놓치지 않고 찾아낼 수 있다. 목적을 가져야 그 문제를 푸는 데 필요한 정보와 사실이 나에게 찾아온다.

- 관찰 대상에 애정을 가져라

관찰을 통해 많은 것을 찾아내려면 단순히 사실을 보는 것이 아니라 왜 그런지 원인을 살펴볼 줄 알아야 한다. 그러려면 관찰 대상에 애정을 가지고 살펴보는 것이 도움이 된다. 애정을 가지면 많은 질문들이 떠오른다. 왜 그런 행동을 했을까? 부족한 것은 무엇인가? 어떻게 도와줄 수 있을까? 이러한 질문들은 더 많은 사실을 찾아내게 도와준다. 애정이 없으면 궁금한 것도 없다.

- 작은 것을 소홀히 하지 마라

처음부터 큰 의미로 다가오는 사실은 흔치 않다. 일반적으로 작은 힌트로 드러나기 시작해서, 그것들이 모여서 의미가 생기고, 또한 그런 의미들이 모여서 맥락이 만들어진다. 큰 것은 누구에게나 보인다. 아주 작은 것을 구분할 줄 알고, 찾아낼 수 있는 것이 진정한 능력이다.

- 사실이 더 중요하다

문제가 잘 풀리지 않는 것은 자신이 가지고 있는 고정관념을 가지고 문제를 해결하려고 하기 때문이다. 머릿속에 우선순위를 가지고 정보를 분류하고 받아들이는 것이다. 개념을 가진 상태로 사실을 보면 결과에

왜곡이 일어날 수 있다. 적어도 우리가 이렇게 정보를 자의적으로 받아들일 수 있다는 사실 정도는 알아야 한다. 물론 벗어나기가 쉽지는 않다. 하지만 사실을 보고 그것을 바탕으로 의미를 찾도록 의식적으로 노력해야 한다.

　- 기록하라

　사람은 망각의 동물이다. 꾸준히 기록하고 관찰해야 한다. 기록한 사실들이 정보가 되고, 정보가 모이면 지식이 되고, 그 안에서 통찰과 지혜를 찾아낼 수 있다. 나만의 기록 방법은 현상을 바라보는 나만의 프레임이다. 그 안에 담긴 정보는, 정보 간의 관계 속에서 의미를 만들어낸다. 나의 상황과 목적에 맞는 프레임으로 정보를 쌓고, 쌓여 있는 이 정보 속에서 결론을 이끌어내는 것이 중요하다. 둘 중 하나라도 소홀히 하면 결론이 부실해진다.

　□ 관찰의 기준이 무엇인지가 중요하다

　아무리 시간이 많고 능력이 뛰어난 사람도 세상의 모든 것을 살펴볼 수는 없다. 어떤 것을 봐야 하는지 목적이 필요하다. 목적이 무엇이냐에 따라 선택되는 정보도 다르고 해석도 달라진다. 나에게 주어진 목표와 전략을 바탕으로 관찰의 목적을 정해야 한다. 목적에 맞는 기준이 필요하다. 예를 들어, 건강한 신체를 원한다면 몸무게나 허리둘레, 100미터 달리기 기록, 체지방 수치 등을 살펴보면 된다. 여러 가지를 측정하면 더 정확해지겠지만 그만큼 시간과 노력을 투자해야 한다. 체중계를 쓸지, 스톱워치를 쓸지 등 어떤 기준을 선택하느냐에 따라 모아야 하는 데이터도 달라진다. 이러한 기준은 관찰자가 해당 역량을 해석하는 방식이다. 영업역량을 매출액만 가지고 판단할 수도 있고, 고객접촉 빈도, 영업 성공률 등 다양한 것을 살펴볼 수 있다. 내가 무엇을 보고 판단하는지는 해당 역량에 있어 무엇을 중시하는지를 말해준다.

그냥 관찰만 해서는 의미를 찾을 수 없다. 기준점이 있어야 잘했는지 못했는지 판단할 수 있다. 관찰항목의 기준점을 잡아보면 많은 것을 깨달을 수 있다. 영업을 한다면 얼마를 기준으로 하는 것이 적절할지 생각해보고, 주어진 목표뿐만 아니라 그 전의 활동을 기준점으로 삼아 비교해볼 수도 있다. 관찰은 시작이다. 이에 따른 결론과 행동이 뒤따라야 의미가 생긴다.

|나에게 묻기|
1. 지금 내가 관찰을 하는 목적은 무엇인가?
2. 어떤 기준을 가지고 관찰해야 하는가?
3. 관찰한 내용을 어떻게 활용할 수 있는가?

|함께 읽으면 좋은 책|
《관찰의 힘》, 얀 칩체이스 외(위너스북, 2013)
《관찰의 눈》, 얀 칩체이스(위너스북, 2014)

2. 합리적인 결정의 기준의 세워라

□ 타이밍을 고려하라

골프 스윙을 할 때 공을 멀리 보내기 위해서는 골프채의 정확한 부위에 맞히는 것뿐만 아니라, 얼마나 적절한 타이밍에 맞혔느냐도 중요하다. 너무 일찍 맞아도, 너무 늦게 맞아도 공은 멀리 나가지 않는다. 업무에서 성과를 내는 경우도 그렇다. 전략적으로 필요한 행동을 어떤 타이밍에 했느냐에 따라 성과가 잘 나오기도 하고, 안 나오기도 한다.

결정을 할 때는 불안하다. 특히 중요한 결정일수록 그렇다. 괜히 그릇된 결정을 했다가 잘못된 결과가 나올까봐 두려운 것이다. 많은 정보를 얻기 위해 노력하지만 세상에 모든 정보를 얻는다는 것은 불가능하다. 관찰이나 수집 등 다양한 활동을 해서 불확실성을 줄이기 위해서 노력하지만 완벽할 수는 없다.

결정에는 내가 컨트롤할 수 없는 부분이 존재한다. 결정 이후에 환경이 바뀔 수도 있고, 경쟁상황이 바뀔 수도 있다. 운이 작용한다는 이야기다. 결정이 잘되었는지 여부는 결과가 나와봐야 안다. 결과가 좋으면 과감한 결정이 되고, 결과가 나쁘면 무모한 결정이 된다. 그렇기에 결정을 내리는 과정이 합리적이었다면 자신감을 가지고 적절한 타이밍에 결정을 내리는 것이 필요하다.

불붙은 조직을 오랫동안 이끌다 보면 그 조직과 흐름을 계속 끌고 갈지, 중단하고 새로 불을 붙일지 결정하는 타이밍이 온다. 여기서 결정이란 준비단계부터 진행해온 프로젝트를 언제 마감할지 여부다. 보통은 유지단계를 최선을 다해 진행했는데도 성과가 떨어지는 모습을 보이면, 현재 프로젝트 또는 조직의 지속 여부를 판단해야 한다.

목표로 한 성과의 달성 여부가 기준이 되기도 하고, 시기적으로 해가 바뀔 때 새로 시작할 수도 있다. 새로운 마음으로 시작하는 것이 더 나은 결과를 가져올 것이라고 판단될 때 인위적으로 기존 흐름을 마치고 새로 시작하는 것이다. 그런데 이러한 마감단계를 너무 서두르면 어렵게 불붙인 에너지를 낭비하게 되고, 그렇다고 너무 늦어지면 기존의 불을 옮겨 붙일 수가 없어 처음부터 다시 새로운 불을 붙이는 데 많은 시간과 에너지를 소모해야 한다.

□ **자신 있게 결정을 내리려면**

– 넓고 깊은 정보는 불안감을 줄여준다

위험의 정도는 그것이 잘못되었을 때의 영향력과 얼마나 알고 있는지, 거꾸로 얼마나 모르는지에 따라 크게 달라진다. 결정에 있어 필요한 정보를 모르면 모를수록 두려움은 클 수밖에 없다. 필요한 정보를 확보할수록 자신 있게 결정을 내릴 수 있다.

– 구성원들과 함께 의사결정을 하면 행동이 빨라진다

의사결정에 대한 책임은 리더가 진다. 하지만 그 과정은 함께할 수 있다. 구성원들과 함께 의사결정을 하면 정보수집의 범위는 넓어지고, 개인경험이나 선호도에 따른 실수를 줄여준다. 또한 결정과정을 통해 많은 정보가 교환되기 때문에 결정에 따른 추후 행동이 혼자 했을 때보다 훨씬 빨라진다.

– 논리적 접근은 실수의 가능성을 줄여준다

결정에 영향을 미칠 수 있는 요인에 대해 논리적으로 따져봐야 한다. 정보를 수집하고, 앞뒤 흐름을 살펴 논리적으로 판단해야 한다. 경우에 따라서는 점수를 매기는 등 객관화하여 모호한 상황을 명료하게 만들 수 있다. 이러한 과정은 판단과정에 빠진 것은 없는지 살펴보게 하여 실수의 가능성을 줄여준다.

– 반대상황을 상상하여 두려움을 줄여라

잘못되면 얼마나 잘못되겠는가? 상상하여 그 정도를 따져보라. 최악의 상황을 계산해보았는데 감당할 수 있는 정도라면 두려움을 줄일 수 있다. 또한 그 상황에 대한 대비책을 준비하여 위험도를 낮출 수 있다.

– 무의식을 활용하라

오랜 세월 한 분야에 정통하고, 많은 정보를 가지고 있는 사람에게는 이론으로 설명할 수 없는 전문가만의 감感이 있다. 이것을 무시하지 마라. 뇌는 무의식적으로 정보들을 연결시키면서 논리적으로는 생각지 못한 답을 주기도 하고, 가능성의 힌트를 보여주기도 한다.

□ 4가지 판단기준

준비과정부터 조직에 불을 붙이기 위해 많은 노력을 기울였을 것이다. 더 많은 성과를 얻기 위해서도 노력했을 것이다. 하지만 더 이상 원하는 데로 팀이 움직이지 않는다면 계속할지 여부를 판단해야 한다. 여기서 계속할지 여부를 판단하는 것은 처음에 불붙인 주제에 대해 결정한다는 것이지, 이것이 바로 팀의 해체를 의미하는 것은 아니다. 우리 팀이 최선을 다해 노력해왔는데 점점 하향곡선을 그린다면 마침표를 찍고 새로운 마음으로 시작하는 것이 훨씬 유리하기에 기존 작업의 마무리를 검토하는 것이다. 이러한 결정을 내릴 때 몇 가지 기준을 가지고 살펴봐야 한다.

- 목표

초기 이 일을 시작할 때 비전에 맞게 목표goal를 설정해서 달려왔다. 그 목표가 어느 정도 달성되었는지를 봐야 한다. 이미 달성되었다면 충분히 기쁘게 마무리할 수 있을 것이다. 아직 달성되지 못했는데 팀이 하향추세를 탄다면 기존 상황 하에서 재도약할 것인지, 새롭게 다시 시작할 것인지 판단해야 한다.

- 사람

사람 역시 중요한 기준이 된다. 비전과 목표 외에도 따져봐야 할 것은 사람이다. 현재 상황을 계속 이어나가는 것이 유리한지, 새로 시작하는 것이 유리한지 구성원 한 명씩 꼼꼼하게 따져봐야 한다. 비전과 성과를 이루지 못해서 동력을 잃고 있을 때는 사람들에게 있어 업무가 어떤 의미인지 따져보면 생각지 못한 의미를 찾기도 한다.

- 자원

자원은 성장을 예상하게 한다. 현재 남아 있는 자원이 얼마 없다면 그 일은 조만간 하향세를 타게 될 것이다. 만약 새로운 아이템이나 주제를 가지고 일을 진행할 때 회사에서 더 큰 자원을 확보할 수 있다면 리더는 이 또한 판단의 기준으로 삼아야 한다. 여기 자원 중에서 중요한 기준이 되는 자원이 '시간'이다. 회사는 1년을 기준으로 살아가는 경우가 많다.

□ 유지-중단 비교분석표

	유지		중단	
	장점/단점	점수	장점/단점	점수
목적				
사람				
자원				
효과				
종합				

잘될 때보다는 잘 안 될 때 재시작 버튼을 누르는 것이 유리하다.

- 효과

효과를 상상해보자. 기존의 상태를 유지하게 되면 어떤 결과가 나올 것인지. 새로 시작한다면 어떻게 할 수 있으며 그 결과 어떤 효과가 나올 것 같은지. 이것을 비교할 수 있어야 어떤 것이 나은지 판단할 수 있다. 지금 하는 것이 힘들어도, 다음 선택이 더 나쁠 수 있다. 새로운 것이 꼭 좋은 것만은 아니다. 지금보다 나은 선택지가 있는지 살펴보는 것은 결정에 중요한 과정이다.

|나에게 묻기|
1. 평소에 나는 결정을 잘 내리는가?
2. 결정에 있어 나의 단점은 무엇인가?
3. 결정력을 높이기 위해서는 어떻게 하면 좋을까?

|함께 읽으면 좋은 책|
《결정의 기술》, 크리스 블레이크(펜하우스, 2010)
《이기는 결정》, J. 에드워드 루소 외(학지사, 2010)

3. 발전적 성찰로 한 단계 성장하라

□ 성찰의 시간이 꼭 필요한 이유

힘들었던 조직 활성화 과정에 마침표를 찍어야 할 시간이 왔다. 성찰이란 매일 해야 하는 것이지만 전체적으로 한 사이클이 돌았을 때 빼먹지 말고 꼭 해야 하다. 성찰의 시간은 그 의미가 크다. 성찰은 시간의 흐름 속에 망각했던 점을 다시 상기시켜주고, 지쳐가는 개인이 그동안 발전해온 부분에서 뒤로 밀리지 않도록 받쳐주는 지지대 역할을 하기 때문이다.

벤저민 프랭클린은 잠자기 전에 하루를 돌아보고 반성하는 시간을 가졌다고 하고, 톨스토이는 19세 때부터 일기 쓰는 습관이 자신을 사상가이자 작가로 만들었다고 했다. 하버드 대학 가드너 박사의 다중지능이론을 보면 자신이 가지고 있는 지능을 잘 활용해야 성공가능성이 높다고 하는데, 성공한 사람들은 자신의 강점지능 이외에 자기성찰지능이 뛰어나다고 한다. 자기성찰지능이 우수하면 자신의 장점과 단점을 쉽게 알아차리고 그 부분을 강화하거나 보완할 수 있기 때문에 다른 이들보다 더 뛰어나질 수 있다. 개인적으로 자기성찰지능이 뛰어나지 않다 하더라도, 적절한 방법으로 성찰의 시간을 갖는다면 앞서 기대했던 결과를 얻을 수 있다.

□ 아름답게 마무리하는 성찰의 5가지 방법

- 모두 참여하라

함께 좋았던 점, 아쉬웠던 점을 나누다 보면 구성원 모두가 한마음을 갖는 계기가 된다. 빠지는 사람이 있으면 그 사람으로부터 들을 수 있는 피드백을 못 들을 수도 있고, 그 사람은 성장의 계기를 잃을 수 있다. 함께 고생했다면 마무리도 함께하는 것이 좋다.

- 긍정적으로 표현하라

부정적으로 이야기하면 마음이 닫히고, 그러면 들어도 효과가 없다. 잘한 부분을 먼저 공유하라. 그리고 아쉬운 점도 꼼꼼히 나누어라. 하지만 공격적이거나 비난하는 태도로 해서는 안 된다. 어떻게 하면 더 나아질 수 있는지 상대방에 대한 부정적 감정은 내려놓고, 미래에 초점을 맞춰 긍정적인 부분을 뽑아 이야기해야 한다.

- 기준을 가지고 성찰하라

막연히 성찰하려고 하면 무엇을 어떻게 해야 하는지 잘 모른다. 그동안 진행해왔던 시간들을 적절한 기준으로 곱씹어봐야 한다. 현장에서 많이 쓰는 기준으로는 성과, 학습, 성장, 관계 등이 있다. 그리고 겉으로 보이는 사실뿐만 아니라 감정적인 것도 공유해야 하며, 마지막엔 앞으로 어떻게 할 것인지 차후 행동으로 결론지어야 좀 더 생산적인 시간이 된다.

- 가능한 한 많은 의미를 찾아라

의미는 찾아야 생긴다. 생각이 나지 않는다고 멈추면 얻는 것도 거기까지다. 성찰의 시간을 가질 때는 사전준비를 해오거나, 아니면 충분한 시간을 갖는 것이 좋다. 그 시간 동안 처음부터 마무리까지 어떤 변화가 있었는지 꼼꼼히 느끼고 찾아봐야 한다. 그것이 성장의 열쇠가 되고, 이어지는 다음 도전에 동기를 부여해준다.

– 축제의 장으로 만들어라

마무리가 좋아야 다 좋아진다. 서로 아쉬운 것을 이야기하다 싸우지 마라. 가능하면 즐겁게, 신나게 마무리하는 것이 좋다. 너무 딱딱하게 하는 것보다 아이디어를 내서 재미있게 하는 것이 방법이다. 평소와 다른 장소에 가서 해도 좋고, 즐거운 식사나 여흥의 자리를 뒤에 붙여도 좋다. 그동안 열심히 도전했고, 고생했다면, 즐길 자격도 충분하다.

□ **무엇을 배웠는지 나눠라**

오랜 시간 함께 일하다 보면 알게 모르게 감정이 쌓이게 된다. 그 감정이 풀어지지 않으면, 가슴 속에서 상하고 썩는다. 이러한 감정의 손상은 다음 업무 진행에 있어서도 마이너스가 된다. 성찰을 통해 서로에 대해, 하고 싶은 말을 풀어놓으면 이런 부정적 감정을 덜어낼 수 있게 된다.

성찰의 시간 동안 꼭 나누어야 하는 부분은 무엇을 배웠는가 하는 부분이다. 각자 일을 시작하기 전과 마칠 때 어떤 점이 달라졌고, 무엇을 배웠는지를 분명히 해야 한다. 내 입으로 배웠다고 말할 때 확실히 내 것이 된다. 다른 구성원들의 성찰내용을 들으며 잊고 있던 부분을 깨달을 수 있으며, 다른 사람의 성장에 자극을 받아 자신도 다음 도전을 하고 싶은 마음을 가질 수 있다.

이러한 성찰의 시간 동안 자신의 장단점을 확인할 수 있다. 여러 사람으로부터 공통적으로 들은 인정과 칭찬의 말이 있다면 그것은 장점이 될 것이다. 반대로 다른 사람으로부터 좀 더 노력했으면 하는 부분을 듣는다면 그것은 단점이자 발전의 기회가 될 것이다.

끝은 또 다른 시작이라는 말이 있다. 결국 개인의 장단점을 알게 되고, 팀의 장단점을 알게 되었다는 것은 다음 도전의 시작점을 갖게 되었다는 것이다. 이러한 성찰의 시간 속에 가장 도전해보고 싶은 부분을 고르게 해보라. 그리고 모든 팀원들 앞에서 도전을 선언하게 하라. 또 다른 도전은 이렇게 시작된다.

□ 성찰시트

느낀 점 Feel	
배운 점 Learn	
실천할 점 Do	

| 나에게 묻기|
1. 이 책을 읽으면서 무엇을 느꼈는가?
2. 배운 점은 무엇인가?
3. 이 책을 덮고 무엇을 실천할 것인가?

| 함께 읽으면 좋은 책|
《성찰》, 존 러벅 (21세기북스, 2007)
《대화의 재발견》, 윌리엄 아이작스 (에코리브르, 2012)

조직의 리더, 팀장을 대상으로 한 교육이나 코칭을 할 때가 많습니다. 밑에서 볼 때는 팀장이어서 좋겠다, 임원이어서 부럽다고 이야기하지만 실상 이야기를 나눠보면 꼭 좋은 것만은 아닙니다. 위에서 내려오는 지시사항을 해결해야 하는데, 팀원들은 말을 듣지 않습니다. 예전에는 선배가 시키면 하는 시늉이라도 했는데, 요즘은 마음에 들지 않으면 곧바로 얼굴에서 티가 납니다. 예산은 없는데 해야 할 일은 산더미 같습니다. 점점 나이가 들면서 선택의 폭은 줄어들고 아주 죽을 맛입니다. 한 가정의 가장으로서, 한 명의 사회 구성원으로서 잘하고 싶은 책임감과 사명감이 느껴집니다. 하지만 누군가를 이끌고 그들의 마음을 모아 뛰어난 성과를 이룬다는 것이 말처럼 쉬운 일은 아닙니다. 사람은 고작 몇 시간의 강의와 몇 줄의 텍스트로 이해될 만큼 단순한 존재가 아니기 때문입니다.

누군가에게 도움을 주는 삶을 살아야겠다, '직장인의 행복한 성공을 도와주는 존재'가 되어야겠다고 코칭을 시작한 지 10년이 되었습니다. 능력이 부족하다 보니 어떻게 하면 잘 도와줄 수 있을까 오랜 시간 고민했습니다. 많은 사람들이 좋은 리더가 되려고 하지만 잘 안 되는 이유는 무엇일까? 어떻게 하면 좀 더 잘 도와줄 수 있을까?

사람을 이해하고 움직이게 하기 위해서는 단편적인 지식이 아니라 그들을 움직이게 하는 전 과정을 보여줘야겠다고 생각했습니다. 단순히 방법을 알려주기보다 어떤 맥락에서 그러한 지식이 활용되는지 살아 있는 이야기가 필요하다고 말입니다. 그 안에서 공감하고, 나라면 어떻게 할까 생각해보는 것도 좋을 것이라고 생각했습니다. 그리고 이야기 속에 들어가 있는 이론적 배경이 무엇인지, 원리가 어떤 것인지도 알려드리고 싶은 마음에 이론편을 따로 정리했습니다.

언제부터인가 무슨 일이든 결과는 혼자의 힘으로 나오지 않는다는 것을 알게 되었습니다. 나이가 든 것일까요? 사람이 된 걸까요? 그동안의 노력을 모아 나름대로 글을 썼지만 여전히 많이 모자랍니다. 보시고 더 좋은 생각이 있으시면 말씀해주시기 바랍니다. 잘 배우고, 익혀서 나누도록 하겠습니다.

가장 가까이에서 저를 지원해주시는 진병운 대표님, 한국포럼 식구들 감사합니다. 코칭을 가르쳐주시고 이끌어주시는 이규창, 김미경, 박원표, 남관희, 이영혜, 박현주, 황영규, 권은경, 최종환, 손승태 코치님, 학문적인 지식을 채워주시는 KAIST 경영대학원의 김영배, 한인구, 이

창양, 윤여선 교수님, 덕분에 언제나 공부하고 있습니다.

최고컨설턴트 과정의 영원한 사부님이신 변정주 교수님, 황성구 회장님 이하 동문들, 언제나 함께 공부하는 P. MBA 과정의 동기, 동문 여러분 덕에 삶이 뜨겁습니다. 직업인이 될 수 있도록 발판을 만들어준 오리콤 선배님들, 그리고 이 책이 나오기까지 많은 노력을 해준 한양대학교 광고홍보학과 선후배 여러분들에게 감사의 마음을 전합니다.

25년이 넘는 시간 동안 가장 가까운 곳에서 친구가 되어주는 윤인혁, 전진수, 김현기, 이정범, 구민회, 이경아, 바다 건너의 오정, 유승엽, 김정락 그리고 엑소더스 멤버들은 오랜 시간 동안 저의 버팀목이었습니다. 힘든 시간 언제나 믿어주고 도와주신 장인, 장모님, 처형 가족과 처제 그리고, 사랑하는 어머니와 형님, 고맙습니다.

누구보다 이 시간을 기다리고 응원해준 아내 김지혜와 아들 이주영, 사랑합니다. 그리고 고맙습니다.

지은이 이형준

저자소개

이형준

한국포럼 비즈니스 코칭센터장, 대표코치

한양대학교 광고홍보학과를 졸업한 후 광고대행사 오리콤, 벤처기업 네띠앙, IT기업 다울소프트 등에서 다양한 직장경험을 쌓았다. 그 후 코칭에 뜻을 품고 코치의 길로 들어서 직장인의 행복한 성장과 성공을 위해 노력하고 있다.

삼성전자, CJ그룹, 신한은행, 외환은행, 삼성증권, 대우증권, 두산중공업, 한국로슈, 일동제약, KBS 등 금융, 제약, 서비스, 제조업 등 다양한 분야의 많은 기업에서 강의와 기업 코칭을 진행했다. (사)한국코치협회 인증 프로코치이자, (사)한국코치협회 인증 심사위원과 프로그램 심사위원을 역임했다. KAIST 테크노경영대학원 최고컨설턴트 과정(AIC)을 수료했고, 동 대학원 Professional MBA에 재학 중이다. 저서로는 《신나는 아빠, 신나는 편지》(공저)가 있다.

답을 내는 조직
김성호 지음 | 15,000원

《일본전산 이야기》의 저자가 4년 만에 내놓은 후속작. 지금 우리에게 필요한 것은 돈도, 기술도, 자원도 아닌, 기필코 답을 찾겠다는 구성원들의 살아 있는 정신이다. 이 책은 어떻게 하면 답을 찾는 인재가 될 수 있는지 크고 작은 기업들의 사례를 통해 속 시원히 밝힌다. 잠들었던 의식을 일깨우고 치열함을 되살려 주는 책.

일본전산 이야기
김성호 지음 | 13,000원

장기 불황 속 10배 성장, 손대는 분야마다 세계 1위에 오른 '일본전산'의 성공비결. 기본기부터 생각, 실행패턴까지 모조리 바꾼 위기극복 노하우와 교토식 경영, 배와 절반의 법칙 등 '일본전산'의 생생한 현장 스토리가 우리를 가슴에 다시금 불을 지핀다. (추천 : 감동적인 일화로 '사람 경영'과 '일 경영'을 배운다.)

팔지 마라, 사게 하라
장문정 지음 | 18,000원

바보는 고객을 유혹하려 하지만, 선수는 고객이 스스로 선택하게 만든다! 끊임없이 고객의 마음을 읽고 반응해야 하는 설득의 최전선, 치열한 마케팅 전쟁터에서 살아남기 위해 반드시 습득해야 할 '장문정식' 영업전술 교본. 공격적이고 군더더기 없는 설명으로 마케팅과 세일즈의 핵심을 통쾌하게 파헤친다.

모든 비즈니스는 브랜딩이다
홍성태 지음 | 18,000원

브랜딩은 더 이상 마케팅의 전유물이 아니다! 이 책은 살아남은 브랜드와 잊혀져가는 브랜드의 사례를 토대로, 브랜드 컨셉을 어떻게 기업의 문화로, 가치로 녹여낼 수 있는지를 쉽고 친근하게 설명한다. 브랜딩이 단순한 마케팅 기법이 아니라 경영의 핵심임을 일깨워주는 책. (추천 : 마케팅 담당자뿐 아니라 모든 부서의 직원들을 위한 책)

가슴 뛰는 삶
강헌구 지음 | 13,000원

꿈을 꿈으로만 남겨두지 마라. 간절히 원하는 그 모습으로 살아라. 가슴 벅찬 삶을 사는 법에 관한 '비전 로드맵'. 인생의 비전을 찾지 못한 이에게는 통찰과 작심을, 현재의 자리에서 머뭇거리고 있는 이에게는 돌파와 질주의 힘을 주는 책. (추천 : 꿈을 찾지 못한 중고생과 대학생, 그리고 좌절의 길에서 주춤하고 있는 직장인들을 위한 책)

용인술, 사람을 쓰는 법
김성회 지음 | 15,000원

경영은 결국 '사람을 남기는 것'이며, 리더의 능력은 곧 '사람 쓰는 능력'이다. 인재를 어떻게 가려낼 것인가? 어떻게 하면 '전쟁'이 아니라 선의의 '경쟁'을 격려할 수 있는가? 2,500년간 동양사회를 이끌어온 정신적 리더, 공자에게 배우는 사람 보는 법, 얻는 법, 쓰는 법!

혼·창·통 : 당신은 이 셋을 가졌는가?
이지훈 지음 | 14,000원

세계 최고의 경영대가, CEO들이 말하는 성공의 3가지 道, 혼(魂), 창(創), 통(通)! 조선일보 위클리비즈 편집장이자 경제학 박사인 저자가 3년간의 심층 취재를 토대로, 대가들의 황금 같은 메시지, 살아 펄떡이는 사례를 본인의 식견과 통찰력으로 풀어냈다. (추천 : 삶과 조직 경영에 있어 근원적인 해법을 찾는 모든 사람)

인생에 변명하지 마라
이영석 지음 | 14,000원

쥐뿔도 없이 시작해 절박함 하나로 대한민국 야채가게를 제패한 '총각네 야채가게' 이영석 대표. '가난하게 태어난 건 죄가 아니지만 가난하게 사는 건 죄다, 똥개로 태어나도 진돗개처럼 살아라, 성공하고 싶다면 먼저 대가를 치러라…' 비록 맨주먹이지만 빌빌대며 살지 않겠다고 다짐한 이들에게 바치는 성공 마인드!

일을 했으면 성과를 내라
류랑도 지음 | 14,000원

성과의 핵심은 오로지 자신의 역량뿐! 이 책은 누구도 세세히 일러주지 않은 일의 전략과 방법론을 알려줌으로써, 어디서든 '일 잘하는 사람, 성과를 기대해도 좋은 사람'이란 평가를 받게끔 이끌어준다. (추천 : 일에 익숙하지 않은 사회초년생과 그들을 코칭하는 리더, 그리고 현재의 역량을 배가하고자 하는 모든 직장인들을 위한 책)

슬로씽킹 잠시 멈추고 제대로 생각하는 법
칼 오너리 지음 | 박웅희 옮김 | 15,000원

빨리 처리하라, 망하고 싶거든! 근본부터 제대로 잡는 슬로씽킹의 12가지 문제해결법. 영국 공군부터 IDEO, 르 라보, 이노센티브, 매트랩, 노르웨이의 할덴교도소까지 '슬로씽킹'으로 난제를 푼 여러 사례를 소개한다. '빨리빨리'에 속지 않고 본질을 파헤쳐 어려움을 돌파하는 법, 숙고를 통해 더 스마트하게 일하는 방법을 알려주는 책.

불같은 성공을 위하여!

조직의 리더, 팀장, 전체 구성원들을 대상으로
어떻게 동기유발하여 원하는 목표를 이룰지에 대한 워크숍을 진행합니다.
5단계 FIRE! 프로세스에 맞추어 조직과 개인에게 필요한 부분을 학습하고,
각 조직에 맞게, 가슴을 뜨겁게 만드는 실제적인 해결책을 마련합니다.

이형준 코치 블로그 : www.wise-coaching.kr
워크숍 및 코칭, 강연 문의 : jace1123@kaist.ac.kr